Karl Kraut

Über Syntax und Stil des jüngeren Plinius

Karl Kraut

Über Syntax und Stil des jüngeren Plinius

ISBN/EAN: 9783744619288

Hergestellt in Europa, USA, Kanada, Australien, Japan

Cover: Foto ©ninafisch / pixelio.de

Weitere Bücher finden Sie auf **www.hansebooks.com**

PROGRAMM

DES

KÖNIGLICH WÜRTTEMBERGISCHEN

SEMINARS SCHÖNTHAL

ZUM

SCHLUSS DES VIERJÄHRIGEN CURSES VON 1868—1872.

INHALT:

1872.

Druck von L. Fr. Fues in Tübingen,

Ueber Syntax und Stil des jüngern Plinius.

Auf dem Felde der lateinischen Sprachwissenschaft ist gegenwärtig eine rege Thätigkeit bemerkbar, welche darauf ausgeht, durch die umfassendste und präciseste Einzelforschung, besonders auch auf dem syntaktischen Gebiete, der lateinischen Grammatik eine sicherere Grundlage zu geben, als diejenige ist, die sie bisher gehabt hat. Um dieses Streben näher zu charakterisiren, genüge es hier an Kühnast's Hauptpunkte der livianischen Syntax, an Dräger's Syntax und Stil des Tacitus und dessen historische Syntax der lateinischen Sprache, von welcher bis jetzt der erste Theil und die erste Hälfte des zweiten vorliegen, so wie an die Arbeiten Wölfflin's zu erinnern, unter welchen besonders die über *Tacitus* (Philol. XXV, 92—134. XXVI, 92—166. XXVII, 113—149) dem Verfasser der gegenwärtigen Arbeit eine Quelle vielseitiger Anregung und Belehrung geworden ist.

Wenn nun in den vorliegenden Blättern der Syntax und, soweit sich dessen Eigentümlichkeiten zunächst den syntaktischen anschliessen, dem Stil des *jüngeren Plinius* eine eingehendere Untersuchung gewidmet wird, so gieng diese einerseits aus dem Interesse hervor, welches, noch abgesehen von dem reichen und mannigfaltigen Inhalt seiner Schriften, dessen gewandte und sorgsam gefeilte, überall den feinen Weltmann verrathende Sprache an sich schon erweckt; andererseits aber war für dieselbe auch die historisch wichtige Stellung bestimmend, welche *Plinius* in der Entwicklung der silbernen Latinität einnimmt, und vermöge deren er sich nach Dräger's Urtheil (histor. Synt. Vorr. p. VI) unmittelbar an *Tacitus* anreiht. Für die Verarbeitung und Darstellung des bei der Untersuchung gewonnenen Stoffes war dem Verfasser die von Dräger befolgte Methode ein Vorbild, das er nicht sklavisch kopirt hat, von dem er aber gern hoffen möchte, dass er nicht zu weit hinter ihm zurückgeblieben sei. Wenigstens war er durchgängig bemüht, der Anordnung seines Gegenstandes die grösste Uebersichtlichkeit zu geben, die ihm immer möglich war. In der Aushebung der einzelnen Stellen wurde darauf Bedacht genommen, dass, wo der Zweck des Citats dies irgend zu erfordern schien, Sinn und Beziehung der Stelle, auch ohne dass sie im Zusammenhang nachgelesen würde, sofort verständlich wäre. Theils sorgfältige Benützung der Vorarbeiten, theils eigene Beobachtung liessen erkennen, wo sich der Sprachgebrauch des *Plinius* mit dem anderer Autoren berührt oder von ihm abhängt; und nach des Verfassers Ansicht durfte diese Seite der Betrachtung ebensowenig fehlen als fleissige Hinweisung auf die anerkanntesten allgemein grammatischen Werke, nicht bloss um deren gründlichere Forschungen über einzelne Autoren zu verwerthen, sondern auch, wenn es sich darum handelt, die richtigen Gesichtspunkte und die treffenden Termini für Unterbringung und Charakterisirung der einzelnen grammatischen Erscheinungen zu gewinnen.

Zwei Arbeiten, mit welchen sich die vorliegende zunächst und unmittelbar berührt und zu welchen sich diese als Ergänzung verhält, sofern jene zu ihrem Hauptgegenstande den Wortschatz des *Plinius* haben und nur secundär syntaktische Punkte behandeln, sind die beiden Programm-Abhandlungen von Dr. H. Holstein: De Plinii minoris elocutione, Naumburg 1862 und Magdeburg 1869.

Der zu Grunde liegende Text ist der der grösseren Keil'schen Ausgabe (Leipzig 1870), welcher auch bei der Zählung der Briefe an Trajan (X) gefolgt ist.

I. Substantivum.

§ 1. Concreta collectiv. omnes *accusatore domestico* liberasti P. 42. seu flumi-
nibus immensis seu *praecipiti monte* defenditur 16. hortum *morus* et *ficus frequens*
vestit. II, 17, 15. ripae *fraxino multa, multa populo* vestiuntur VIII, 8, 4. Ueber
diesen Gebrauch bei früheren Autoren, namentlich *Livius* vgl. Kühnast p. 63. Eine
Uebersicht des ganzen Sprachgebranchs bis auf *Plinius* gibt Dräger, H. S. § 3.

§ 2. Genereller Plural der Concreta. si inter *Fabricios* et *Camillos* talis esset
P. 13. visuntur eadem e materia Caesaris *statuae*, qua *Brutorum*, qua *Camillorum.* 55.
Et 54. § 6. b. gibt Stellen aus Cic., Sen., Tac., Augustin und den Dichtern, bei
welchen letzteren übrigens der generelle Plur. der Personennamen weniger häufig ist.

§ 3. Plural der Abstracta. Eine Liste der im Plur. gebrauchten Abstracta gibt
H. S. § 7 nach drei Perioden vertheilt: a) Vorklassische Zeit bis *Terenz*, b) Klassische
Prosa, c) Klassische Dichter, nachklassische Prosaiker *Livius* incl. und nachklassische
Dichter. *Plinius* liebt wie sein Vorbild *Cicero* den Gebrauch der abstracta pluralia
und hat solche an circa 80 Stellen. Es sollen aber hier nur die von Dräger a. a. O.
a—c nicht aufgeführten in alphabetischer Reihenfolge aus den betreffenden Stellen
nachgetragen und sodann noch einige specielle Punkte aus diesem Kapitel mit Rücksicht
auf *Plinius* besprochen werden. *abactus* Austreibungen P. 20. Zweifelhafte Lesart.
clamores (Beifallsgeschrei) II, 14, 6. Schon Cic. de Or. 1, 33, 15: clamores (Bravorufe)
et admirationes. Liv. 4, 28: dissoni clamores. *cognationum* jura P. 37. 39. *curationes* Kuren
V, 19, 7. *delationes* P. 45. *denuntiationes* Andeutungen VI, 8, 9. *exclamationes* P. 72.
gentilitates Familien 39. *impetus* (ingeniorum imp. refringendos) IX, 26, 7. Vgl. Cic.
Font. 16, 36: ut eorum iratos animos atque horribiles impetus deprecetur. ibid. 20, 44:
Gallorum impetus terroresque. Inv. 2, 54, 164: in alios non rectos impetus animi do-
minatio. Rep. 1, 5, 9: insanos atque indomitos impetus vulgi cohibere. Cäsar sagt
tantos impetus ventorum, Livius gebraucht den Plur. von impetus = Angriffe. *indictiones*
Auflagen, Steuern P. 29. *infirmitates* VIII, 16, 1. *morae: inter moras* mittlerweile IX,
13, 20. Vorgänger in diesem pluralischen Gebrauch sind Virg. und Ov. *salutationes*
P. 48. *secessus: ex secessibus accucurrit* aus seinem stillen Aufenthaltsort II, 1, 8. cf.
IV, 23, 4. VI, 4, 2. *situs: cognovisti regionum s.* P. 15. In diesem Gebrauch sind
Cic., Cäs., Sen. rhet. und Tac. vorangegangen. *sudores* ibid.

Aestus führt Dräger a. a. O. p. 15 unter den Bezeichnungen der *Affecte* auf.
Es kommt aber als Plur. noch in zwei anderen Bedeutungen vor: Flut opp. Ebbe
heisst es bei Cic., Cäs., Flor., Hitze bei Lucr., Virg., Hor. und Plin. Ep. VIII,
1, 1. X, 15.

Concrete Bedeutung erhalten bei Plin. ausser den drei obigen: *gentilitates, indictiones, secessus* folgende abstracta pluralia: *amoenitates* anmuthige Gegenstände I, 2, 4. *amores: diaeta, am. mei* mein Lieblingszimmer II, 17, 20. *condiciones: (de nuptiis et ipsis hominibus, qui matrimonium ineunt. Gierig.)* „Partien" I, 10, 8. 14, 9. *necessitudines* Verwandte X, 87. *novitates: novitatibus excitantur* das Neue regt sie auf I, 4, 4. S. darüber H. S. § 8.

Von *Amtsnamen* (cf. H. S. p. 15) hat Plin. folgende im plur.: *consulatus* P. 57. 61. 88. *praeturae* 88. *procurationes* VII, 31, 3.

Anm. Als eine noch zur Besprechung des Numerus gehörige Singularität: sei hier der auch bei Tacitus und Justinus (Wölfflin Philol. XXVI. 1. p. 152) vorkommende Gebrauch von *epistulae* in Beziehung auf einen Brief erwähnt X, 10.

§ 4. Substantivum als Attribut. ad homines *maxime homines*, ad liberos *maxime* liberos VIII, 24, 2. So besonders die Substantiva auf -tor: *hostem victorem* moenibus depulerunt P. 55. digna populo *victore gentium* sedes 51. *ultorem scelerum* deum 49. *contemptor ambitionis et infinitae potestatis domitor et frenator* animus 55. *populus aliquando scaenici imperatoris spectator* et *plausor* 46. Ueber die Verbindung solcher Subst., welche participialisch gefasst werden können, mit einem Adverbium s. Schultz, F., Lateinische Sprachlehre §, 243. Anm. 1. und über ihre temporale Bedeutung Schäffer, über den Gebrauch der Derivaten auf -tor und -trix. Prenzlau 1859. (Progr.) p. 9. c.

Anm. 1. Wie in den obigen Stellen das Subst. einen Attributivsatz vertritt, so kann es auch einen Subjectssatz vertreten: hic supremus felicitati ejus cumulus accessit, *laudator* eloquentissimus der Umstand, dass ihm ein so beredter Lobredner zu theil wurde, II, 1, 6. oder einen Adverbialsatz: ad nova opera tu *lector* (hortaris du als Leser, dadurch dass du Leser bist IV, 26, 3.

Anm. 2. Ungewöhnlich ist die appositionelle Verbindung in folgender Stelle: Demosthenes ipse, ille *norma* oratoria et *regula* IX, 26, 8. (cf. § 7. a. α) die Stelle VIII, 1, 2.)

§ 5. Apposition zu einem ganzen Satz. municeps tu meus [es] et *contubernalis* cet.; *magnae et graves causae*, cur suscipere ... debeam I, 19, 1. ne adventu quidem novi principis inde commotus est; [1] *magna Caesaris laus* cet. III, 7, 7. [Domitianus] religato .. navigio ... trahebatur; *foeda facies* P. 82. Die von Gossrau, Lat. Sprachlehre § 313 gegebene Regel: „Die Apposition zu einem ganzen Satze steht im Accusativ" erweist sich als falsch. Richtiger, wenn auch nicht vollständig, erläutert die Sache Kühner, Schulgrammatik der lateinischen Sprache (4. Aufl.) § 110, Anm. 13. Vgl. auch Nipp. zu Tac. ann. 1, 27. Dräger, S. d. T. § 77.

Nota. Ueber die Ellipse einzelner Substantiva s. § 6. a, Anm. 1.

II. Adjectivum.

§ 6. Substantivirung der Adjectiva und Participia masculina und feminina.

a. Adjectiva.

α) Im Plural.

certos VII, 17, 2. foris *claros* P. 83. duo aut tres *diserti* VI, 17, 2. (cf. balbos — disertos Cic. Fam. 9, 19, 2.) *eruditi* IX, 36, 4. ab *invitis* P. 72. *securis* (Dat.) 28.

---

1) So muss interpungirt werden, statt mit Keil ein Punkt zu setzen.

similes — dissimiles (Nom.) 45. *studiosorum* VI, 6, 3. *studiosos* VIII, 12, 1. *tristium* P. 72. oblopere urbanis qui sunt rusticis praesunt IX, 20, 2. Gemeint sind die Sklaven als der Stadt und auf dem Lande. *mihoribus* (Dat.) annis triginta X, 79. 4. *minoribus suis* ihren Kindern, Nachkommen P. 15. So noch V i r g., Sil., L a c t. — *priores* die Vorfahren, die Alten I, 17, 1. Zuerst von V i r g. so gebraucht. Auch T a c. Agr. 1. *priores nostros* III, 4, 5. imperium *valentioribus* dedit P. 38. (cf. certandum cum valentioribus Cic. Fam. 9, 16, 5.) *primi* II, 13, 4.

β) Im Singular.

parum gratus ein Undankbarer P. 43. *humilis et sordidus* VIII, 24, 6. *similis otioso* IX, 34, 2. *parem* VI, 17, 4. inter *privatum* et principem P. 43. *spectatior* VI, 8, 1. *superiorem — inferiorem* VI, 17, 4. quae de *simillimo* dicerentur P. 53.

A n m. 1. Keine Substantivirungen sind: Africanae sc. bestiae VI, 34, 9. (auch Sueton. Cal. 16) und die anderen bei Plin. und sonst vorkommenden elliptischen Ausdrücke: carulla, frigida, natalia, pugillares. Hieher gehört auch: intra primam noctis sc. horam III, 5, 13. Gelegentlich mögen noch zwei anderartete Ellipsen von Substantiven Erwähnung finden: Verania Pisonis sc. uxor II, 20, 2. ut plerumque dolor etiam venustos facit sc. homines III, 8, 3.

A n m. 2. In manchen Fällen bleibt es zweifelhaft, ob eine Substantivirung oder die Ellipse des pron. determ. in Beziehung auf ein vorausgehendes Substantivum, zu dem dann das fragliche Adjectivum gehören würde, anzunehmen sei, z. B. bei *jejunis* et *inanibus* P. 49.

b. Participia.

α) im Plural.

aa) Praesentis: *absentium* VI, 1, 1. *accipientibus* (Dat.) P. 71. *agentibus* (Dat.) 56. *audientes* (Acc.) II, 14, 7. *audientibus* (Dat.) P. 62. *censentes* (Acc.) 60. *circumstantium* 23. *concupiscentibus* (Dat.) II, 15, 1. *consulentibus* (Dat.) P. 5. *credentibus* (Dat.) VI, 20, 15. una *dicentibus* (Dat.) VI, 2, 3. *dolentium* IX, 13, 15. inter *excipientes* P. 71. *facientium* VI, 24, 1. *ferientes* (Acc.) P. 13. *fluitantibus* (Dat.) VIII, 8, 4. *gaudentium* P. 72. *gaudentibus* (Dat.) 28. ex *gratulantibus* 71. *habentes* (Acc.) IX, 17, 2. *imputantibus* (Dat.) P. 71. non ex *ingerentibus* se, sed ex *subtrahentibus* 86. *inhabitantibus* (Dat.) VII, 27, 6. apud non *intellegentes* II, 14, 7. de te *loquentibus* (Dat.) VII, 20, 5. *medentium* V, 16, 11. P. 22. *merentibus* (Dat.) P. 62. *metuentium* VI, 4, 4. *natantes* (Nom.) II, 17, 11. ab *occupantibus* IV, 15, 11. *occursantium* P. 23. *piscantes* (Acc.) IX, 7, 4. *postulantium* P. 56. *recitantibus* (Dat.) VIII, 12, 2. 21, 4. *respectantium* P. 23. *servientibus* (Dat.) 32. *viventes* (Acc.) VI, 6, 4.

bb) Perfecti: *adeptis* (Dat.) II, 15, 1. *admissis et exclusis* (Dat.) P. 48. in *damnatos* I, 5, 6. *defunctorum* I, 17, 1. *electos* VII, 17, 12. in locum *erasorum* P. 25. quid tibi cum meis *mortuis?* I, 5, 3. honesto loco *nati* VIII, 6, 16. *occisi* III, 14, 4. tristius aliquid *passis* (Dat.) P. 30. *praepositi* VIII, 6, 13. *procreatos* P. 26. ab alio aut a me *relegatos* X, 56, 3

cc) Futuri: *accepturis* (Dat.) P. 77. *audituros* VI, 2, 3. *petituros* VI, 19, 4. *recitaturis* (Dat.) VI, 15, 4.

β) im Singular.

aa) Praesentis: *accipienti* P. 13. *amantis* VI, 18, 2. *augentis non diluentis* IV, 9, 7. *celebranti* VIII, 12, 3. sponte *currenti* I, 8, 1; *dicentis* II, 19, 2. *dicenti* II, 11, 14. oratio de se *disserentis* I, 8, 6. *emendanti* IX, 36, 2. *imperanti* P. 10. securitatem olim *imperantis* et *incipientis* pudorem 24. *jubentis* 10. *legentem* III, 1, 8. inter *licentem vendentemque* P. 29. *mandanti* 80. *merenti* 3. *obeunti* VIII, 12, 3. *obtinenti* Africam VII, 27, 2. *possidenti* IX, 7, 8. *praesidentis* P. 56. *recitantis* VII, 17, 6. *recitantem* III, 18, 4. a pace *redeuntis* P. 20. *scribentis* III, 1, 7. *scribenti* IX, 36, 2. *studentis* V, 5, 5. a *studente* VII, 13, 2. *simile vacanti* VII, 27, 9.

bb) Perfecti: *adoptati* P. 7. 8. *amissi* (wo vielleicht ejus zu ergänzen) IX, 9, 1. *defuncti* V, 7, 2. *educatam* IV, 19, 6. similis *excluso* VII, 5, 1. patricio patre *genitum* P. 9. *relegatus* X, 56, 4.

cc) Futuri: *dicturo* II, 11, 14. *facturus consules* P. 77. *imperaturus omnibus* 7. *imperaturi* 5. *lecturum* IX, 34, 1.

§ 7. Substantivirung der Adjectiva und Participia neutra.

a. Adjectiva (incl. substantivirter Pronomina), auch solche mit Gen. und mit Attribut.

α) im Plural: *adversorum* P. 30. per *adversa* 44. *adversis* suis clarus IV, 9, 1. *annua* Jahrgehalt X, 31, 2. *aspera* P. 7. *contraria* I, 18, 2. *diversa* IV, 9, 17. ex *duobus* quorum alterutrum petis I, 7, 3. *dura* P. 7. *incerta* fortunae III, 19, 4. [1]) *lyrica* III, 1, 7. VII, 17, 3. IX, 22, 2. *multa alia* Thraseae VI, 29, 1. *paria* facere VII, 19, 10. p. f. cum negotiis P. 81. *prospera* et *laeta* stationis istius 7. *recta* IV, 2, 1. *reliqua* rerum tuarum I, 3, 4. *secundorum* P. 44. *similia* VII, 9, 2. *potiora* IV, 7, 3. — Eigentümlich appositiv steht *seria nostra*: Encolpius quidem lector, ille s. n., ille *deliciae* VIII, 1, 2. (cf. § 4, Anm. 2.)

Pronomina: nihil *ex meis* von meinen Werken VIII, 7, 2. eunti in *tua* auf deine Güter V, 19, 9. *isdem* nunc ego te *quibus* ipsum me hortor VIII, 10, 3. ipsa peregrinatio inter *sua* schon das Hin- und Herreisen zwischen seinen Besitzungen III, 19, 4.

β) im Singular.

aa) *ohne* Präposition (mit Uebergehung der von Dräger, H. S. § 23 angeführten, auch bei den Klassikern vorkommenden Adjectiva neutra für sittliche Begriffe): nisi forte *aliud* judicas tu VI, 17, 5. non *alio* magis probas quam quod — P. 11. neque *alio* magis approbatur animi tui magnitudo 89. *diversum* censuerat V, 13, 5. cum praetoria ornamenta tamquam *minus* recepisset als das Geringere VIII, 6, 11. erit opus *modico* V, 19, 8. *multum* librorum, m. statuarum, m. imaginum III, 7, 8. *nubilum* (auch Suet.) — *serenum* (auch Liv. Suet.) II, 17, 7. *sacri profanique* VIII, 8, 6. *sanctum* IV, 9, 6. quorum *utroque* ita frueris P. 85.

---

1) Ueber die Verbindung der Adjectiva neutra mit dem Gen. vgl. Holstein, de Plinii minoris elocutione disputatio altera p. 9.

Pronomina: *hoc*: *hoc moris* I, 12, 7. *hoc necessitudinis* P. 99. *hoc quoque parentis indulgentissimi fecit* handelte auch darin als der gütigste Vater 38. *hoc, quod es pater, utere.* den Umstand, dass du V. bist IX, 12, 2. *id: ejus quod solverant decimam remisi* VIII, 2, 7. *idem: idem estis invicem quod fuistis* ihr beide seid einander was ihr euch waret P. 63. *idem durae — sudoris* 77. *idem potestatis idemque regni* I, 7, 1. *idem utilitatis* III, 18, 3. (cf. Cic. Fam. 9, 2, 2: idem consilii.) *quid: quid vocarere* wie du genannt wurdest P. 21. (vgl. Tac. Germ. 6: idque ipsum inter suos vocantur.) *quid est causae* 41. *tantum: hoc tantum boni* 89. *tantum illud nostri dedecoris* 82.

bb) mit Präpositionen. Vgl. Dräger, H. S. § 24. Das Meiste, was sich bei Plin. findet, haben schon Aeltere. So aliud ex alio (C. Fam. 9, 19, 2. coll. Plin. P. 18.) usque ad extremum Sen. ex aequo Liv. Tac. ex diverso Curt., Tac. ex proximo Sen. in commune Plaut., Tac. in majus Sall. Liv. in medio Cic. in plano Liv. in publico Cic. in summo Liv. in tuto Liv. Dem Plin. eigentümlich sind folgende Verbindungen: *ex adventicio* V, 7, 3. *in praeteritum* für die Vergangenheit P. 53. *in proximum* I, 12, 10. *in proximo* IV, 19, 3. IX, 39, 2. P. 12. 61. *in illud subterraneum* IV, 11, 9. *in edito* P. 61. (Von Suet. Aug. 72 nachgebraucht.) *in hoc lubrico* aetatis III, 3, 4.

Pronomina: Ausser dem bekannten *de meo* V, 7, 3. *de tuo* P. 26. 27. *de suo* P. 43 ist noch zu bemerken: non hic *in illo* sibi, *in hoc* alius indulget? IX, 12, 2. *in quantum potuerit* soweit es möglich ist X, 70, 4. Sonst findet sich *in quantum* P. 10. 68. 73. 83. *in tantum — in quantum* 95.

b. Participia.

α) im Plural.

aa) Praesentis: munimentum adversus *incidentia* VI, 16, 16. similia *nascentibus* VIII, 4, 6.

bb) Perfecti: *montium abrupta* VIII, 4, 2. male *consultis* (Dat.) P. 70. *contexta — inchoata — effecta* VIII, 4, 7. *electa* auserlesene Stellen III, 5, 17. VIII, 21, 4. *subjecta platanis* der Platz unter den Pl. V, 6, 20. *usurpata collium* P. 30. (*junctis* opp. equo II, 17, 2 ist wohl durch ein hinzugedachtes *jumentis* zu erklären.)

cc) Futuri: *eventura* I, 18, 2.

dd) Gerundiva: *damnanda* III, 9, 5. *dicenda* I, 20, 2. *laudanda* I, 8, 15. III, 21, 3. *scribenda — legenda* VI, 16, 3. *silenda* I, 8, 15. circa *velanda corporis* VI, 24, 3.

β) im Singular.

peractum VI, 5, 3. *in confessum* venit X, 81, 5. *in suspenso* reliqui X, 31, 4. pro non *inchoato* est V, 8, 7.

Anm. 1. Keine Substantivirung ist anzunehmen bei Corinthium sc. aes, opus, signum III, 6, 4. Der plur., den schon Cic. hat, steht III, 1, 9.

— 8 —

Anm. 2. Ueber die graecisirende Verbindung des substantivirten Neutrums mit Präpositionen vgl.
auch Wölfflin, Philol. XXVI, 146. und Kühnast p. 362.

Anm. 3. Der adverbiale Gebrauch des adj. neutr. wie multum ineptos laborem I, 9, 7., findet sich
vereinzelt schon bei Cicero: vir multum bonus Leg. agr. 3, 3, 13. (H. S. § 77.) multum disperse Off. 1,
30, 109. öfter bei Hor. Stellen dagegen wie exiguum sapio III, 6, 1. sind wohl auch als Gräcismus su
fassen und auf die sog. figura etymologica zurückzuführen. Vgl. Krüger, Gr. Spr. § 44, 5, 4. Und
hieher sind auch die von Dräger H. S. § 23 a. nicht erwähnten ciceronischen Stellen su ziehen: Tusc.
2, 24, 56: exclamare majus. (cf. magnum clamare, maximum exclamare Plaut.) Fam. 6, 6, 1: melius
exspectans. Att. 16, 7, 8: sperare melius (coll. Att. 14, 15, 3: spero meliora). S. Stinner, Dr. A.,
De eo, quo Cicero in epistolis usus est, sermone Part. III. Oppeln 1864. (Progr.) p. 20.

§ 8. **Adjectiva numeralia.** Hier ist nur zu bemerken, dass der jüngere Plinius
dem Vorgang von Virg. Hor. Ov. Liv. Plin. N. H. folgend *mille* auch = *unzählige*
braucht: alia mille non minus lauta I, 15, 2. his verbis ac mille praeterea V, 9, 4.
et mille talia IX, 26, 9.

III. Pronomen.

§ 9. **Wechsel des Numerus in der ersten Person.** *mihi* — fidei *nostrae* —
periculis *meis devinxerim* I, 7, 2. *nobis* — *equidem . . . egi* II, 11, 11. quam pro-
batus . . sit *nobis*, quem *rogo* 13, 10. *nos* — *ausim* IV, 4, 2. 3. *nos* — *mihi* V, 7, 1. 2.
me — *nos* V, 10, 3. So schon Cic. z. B. Fam. 9, 16, 9: *ego* tibi . . . *adferam* —
nostro — *lusimus* Att. 14, 12, 2: *nos* — *nego*. Ueber den *taciteischen* Sprachgebrauch
vgl. S. d. T. §. 10.

§ 10. **Pronomina possessiva zum Ausdruck der Affection, Werthschätzung, des
Passenden, Günstigen.** So schon bei Cicero, namentlich in den Briefen und besonders bei Personennamen. S. Stinner, De eo cet. Part. II. 1854. p. XII sqq.
Krause, Stilist. Bem. aus C. Briefen (Progr. des Gymn. zu Hohenstein 1869) p. 24.
Zu den dortigen Beispielen kann noch hinzugefügt werden Fam. 9, 2, 1. Caninius
tuus idem et idem noster. Aus Plin. gehört hieher: temptavi imitari Demosthenem
semper *tuum*, Calvum nuper *meum* I, 2, 2. amabam Pompejum Saturninum, hunc dico
nostrum I, 16, 1. Firmanis *tuis* ac jam potius *nostris* VI, 18, 3. So gebraucht
Cicero auch mei schon substantivisch sc. servi oder liberti z. B. Fam. 9, 2, 1. Und
nach diesem Vorgang Plin. mei V, 6, 46. wozu *Gierig: sic semper humaniter servos
suos et libertos vocat.* 19, 1. VIII, 1, 1. 16, 1. IX, 36, 4. 37, 3. tui V, 19, 1.
sui VI, 25, 4. Von Sachen: non me Hercule *tam mea* sunt quae mea sunt quam
quae tua I, 4, 2. nihil *magis tuum* credis quam quod per amicos habes P. 50. Vgl.
Göthe, Herm. und Dor. IX, 311: Du bist mein, und nun ist das Meine meiner als
jemals. *suo caelo, suo sidere armantur* mit dem ihnen günstigen Himmel P. 12.
Ueber diese letztere Bedeutung des pron. poss. vgl. H. S. § 28. k).

§ 11. **Eigenthümlichkeiten im Gebrauch der Pronomina demonstrativa.**
a. *hic* und *ille* eine Objectsbestimmung involvirend: *hic dolor, quod* — der
Schmerz darüber, dass — I, 12, 2. *illa fiducia: quis enim sciet?* das Vertrauen auf
den Gedanken: wer wird's erfahren? IV, 25, 4. Vgl. Kühnast p. 199.

. . b. hic und ille in partitiver Satzreihe andern Wörtern auf verschiedene Art correspondirend: alius — hic; alter — hic. P. 2. aliquis — alius; ille — alius; ille — hic P. 4.

c. et hic und zwar, nec hic und zwar nicht, wie sonst et is, nec is. Ueber das letztere s. Madv. § 484. c. de posteris, et his pluribus I, 14, 9. ex beneficio tuo, et hoc recenti VII, 33, 5. tuam statuam, et hanc aeroeam P. 52. cum manum tantum, et hanc cunctanter promerent P. 71. menses, nec hos singulos P. 54.

d. hic = is oder tantus mit folgendem ut: destinationem consulatus mei his adclamationibus adprobavistis, ut intellegam P. 95.

e. hic und ille in Verbindung mit andern pronominibus: hic mit idem P. 10. ille mit ego I, 6, 1. mit idem II, 19, 3. P. 2. ille als Stütze von quidem P. 30 ist nach Kühnast p. 200. allgemein lateinisch.

f. iste = tuus: altissima ista eruditione IV, 30, 1. mollissimis istis auribus P. 68. probosa ista statione 86.

Anm. Ueber die Neigung der späteren Latinität hic für is zu setzen vgl. Q. Curti Rufi hist. Alex. M. libri erkl. von Dr. Th. Vogel. Leipz. 1870. Einl. § 12 b.

§ 12. Quod statt id quod parenthetisch in Beziehung auf einen ganzen Satz. Nach Vogel a. a. O. § 12. a. hat Curtius in solchen parenthetischen Relativsätzen nur dreimal id quod, sonst immer quod. Plinius hat stets die letztere, kürzere Art der Anknüpfung: II, 11, 9. III, 6, 6. IV, 17, 4. V, 17, 6. VII, 17, 1. S. hierüber Gossrau § 246, 2, mit Anmm. Gibt auch ciceronische Beispiele der kürzeren Form. Ungewöhnlich ist das neutrale cujus statt cujus rei als genit. appositionalis in Beziehung auf einen vorhergehenden Satz in der Inschrift des dem Pallas gesetzten Denkmals: cujus honore contentus fuit VII. 29, 2.

§ 13. Quicumque. aliquis. quis. alius.

a. Nach Analogie des griechischen ὅστις, ὁστισοῦν u. ä. (Krüger, Gr. Spr. § 51, 15. mit Anmm.) kann auch quicumque und die andern verallgemeinernden Relativa ohne Verbum stehen. In der älteren Sprache selten, bei Livius schon häufig. Kühnast p. 196 f. Bei Plin. kommt vor: quemcumque I, 23, 2. cujuscumque — quemcumque IV, 15, 13. a quocumque V, 11, 2.

b. Für den Gräcismus aliquis = τὶς mancher gibt Haase zu Reisigs Vorlesungen Anm. 354. folgende beweisende Stellen: Caes. B. C. I, 2. Sen. Ep. 13, 10. 36, 2. Ov. Fast. III, 283. (die Stellen in Georges' Wtb. sind nicht beweisend.) Dazu kommt aus Plin. P. 4: enituit aliquis in bello.

c. Ueber das tonlose quis ohne dass si, nisi, ne, num, cum oder ein Relativwort vorausgeht s. H. S. § 44. Kühnast p. 202. Plin. P. 95: meruerit quis necne.

d. Den Gräcismus alius atque alius P. 7. bespricht Kühnast p. 203.

§ 14. Ellipse des Pronomen personale, determinativum und demonstrativum. (Einzelne Fälle von Ell. des Pron. indefin.)

a. Als Subject: dicit Senecio quae res ferebat: aliqua subjungo VII, 33, 7. Hier vermisst man ego ungern wegen des Gegensatzes. Doch dies ist ein vereinzelter

2

Fall. Wichtiger ist die Weglassung des Subjectspronomens beim *Acc. c. inf.* Hierüber handelt Kühnast p. 106—111, indem er ausser Liv. namentlich Cic., Caes. und Sall. näher in's Auge fasst. In Betreff Cicero's beschränkt er, abgesehen von dem Wegfall des Subjectspronomens in parallelen und coordinirten Sätzen und der Breviloquenz der römischen Geschäftssprache das Vorkommen der fraglichen Erscheinung im wesentlichen auf den Fall „der unmittelbaren Nähe einer ähnlichen Pronominalform — besonders im Briefstil — und — vielleicht nicht öfter — einer andern Personalbezeichnung". Aehnlich Caes., viel sparsamer Sall. Bei Livius dagegen, erklärt K., sei diese Weglassung ein „in der überwiegendsten Weise hervortretender" Gräcismus. Auch bei Curtius kommt sie nach Vogel a. a. O. § 35. a. sehr oft vor. Die Stellen des Plinius, in welchen die Form des Particips oder Adjectivs im Infinitivsatz eine Hindeutung auf das gemeinte Subject enthält, sind folgende. Mit ausgelassenem *me:* facturum esse V, 8, 1., mit ausgelassenem *te:* sponte facturum I, 19, 3. salvum in urbem venisse gaudeo IV, 13, 1.[1]) probaturum X, 120, 2. mit ausgelassenem *se:* habiturum II, 20, 13. mit ausgelassenem *eum:* movendum II, 12, 2. scriptum IV, 7, 7. relegatum IV, 11, 15. solitum VI, 29, 1. iturum VII, 27, 2. emendatum IX, 21, 1. mit ausgelassenem *eam:* dignam evadere IV, 19, 1. liberatam VIII, 11, 1. mit ausgelassenem *eos:* relaturos VI, 28,^2. dimissos X, 31, 5. mit ausgelassenem *eos:* numquam esse lectas X, 47, 1. mit ausgelassenem *illud:* nunc intellegere me maligne dictum sc. illud esse I, 5, 12. dandum — inferendum IV, 12, 4. Ohne eine solche Hindeutung fehlt *me:* adesse I, 7, 2. *se:* deferri VI, 16, 12. servisse X, 74, 1. exsiluisse P: 73. *eum:* voluisse III, 9, 5. reliquisse VIII, 17, 3.

b. Als Object: Im folgenden werden diejenigen Beispiele unberücksichtigt gelassen, wo das Object, welches durch das Pronomen ausgedrückt werden sollte, innerhalb desselben Satzes schon in einem parallelen oder coordinirten Satztheil oder in dem vorangestellten Haupt- oder Nebensatz im gleichen Casus vorkam (vgl. Madvig, Lat. Sprachl. § 484.), oder wo das Pronomen *is* in einem im Satz enthaltenen[2]) Participium liegt wie z. B. III, 16, 4. IV, 2, 3. 11, 7. (Hierauf sind auch Fälle zurückzuführen wie: nova lis ut feminae intenditur sc. *ei* 17, 11.) Dagegen werden *die* Fälle aufgeführt, wo das Object vorher in einem andern Casus ausgedrückt oder der Satz, in welchem das Pronomen ergänzt werden muss, von dem vorhergehenden, der dasselbe Object enthält, durch ein Punkt getrennt, endlich wenn das zu dem Participium gehörige Pronomen nicht das der dritten, sondern ein Pronomen der ersten oder zweiten Person ist. Wir beginnen mit den zuletzt genannten Fällen. *mihi* fehlt: vacat —

---

1) Hier liest Keil in der kleineren Ausgabe vom J. 1865: salvum *te.*

2) Dass das Participium gerade am *Anfang* des Satzes stehe (Berger Stilistik § 34. 4., scheint mir für die vorliegende Frage von keinem wesentlichen Moment, nur dass es allerdings bei *vorangehendem* Particip um so mehr auffällt, wenn Plin. IV, 9, 18 sagt: consurgenti *ei* ad consendum adclamatum est; wo sich die Setzung des Pronomens nur aus dem Gegensatz von consurgenti ei und residentibus erklärt. Die Hinzusetzung eines Pron. zum abl. abs. eines Part. oder Adj., wenn die Person nicht betont ist, erklärt Nipp. ad Tac. Ann. 1, 29 geradezu für *unlateinisch.*

libet I, 22, 11. permiserit III, 1, 11. negatus II, 8, 2. proposuissem V, 6, 40. misisti VIII, 7, 1. injunxeratis P. 95. me: hortatus es I, 1, 1. persecutus 5, 11. paenituit 9, 5. hortaris II, 19, 1. revocas VIII, 7, 1. paenitet 8, 1. nos: putet P. 67. tibi: injungo IV, 13, 10. gratias ago IX, 24. te: hortor V, 15, 2. laudem IX, 5, 3. laudo IX, 24. appellat P. 88. Ein Casus des Pron. refl. fehlt: proponere sc. sibi I, 5, 13. (bei invicem ist dies dem sonstigen Sprachgebrauch gemäss, so dass die Hinzufügung von se auffällt III, 7. 15; wo vielleicht die Rücksicht auf den Wohllaut mitwirkt.) Casus von is und ille fehlen. ei: adhaeret II, 17, 9. adjacet 11. (ähnlich: cum iis bei cohaeret ibid.) junctum est 22. objecta sunt III, 9, 33. eum: publicare I, 8, 3. emat 24, 2. deserentis III, 5, 8. detestantur cet. IV, 2, 4. donarem VI, 3. 1. (Dabei fehlt auch illi.) mereri VII, 32, 2. eam: vincerent III, 16, 5. imbuit P. 83. id: coepit VII. 31, 7. patiebantur P. 54. praestitisse 58. eos: querantur VII, 31, 6. eas: collegi I, 1, 1. jungam IX, 21, 4. invenire P. 81. illud: emi III, 6, 4. vindicabant IV, 12, 3.

Anm. 1. Berger Stil. § 34. 4. Anm. c. macht darauf aufmerksam, dass bei dem parenthetischen scio, audio, credo, opinor u. s. id regelmässig fehlt. Man darf wohl sagen, dass dessen Setzung unlateinisch wäre. So auch z. B. bei faciam II, 19, 1.

Anm. 2. Ueber den Sprachgebrauch der ciceronischen Briefe gibt Süpfle, Ep. sel. LXIV (Fam. 4, 2) 4 eine Andeutung, nach welcher bei si videbitur sibi stehen oder wegbleiben kann, während es bei si placet, nisi molestum est als Höflichkeitsformeln stets fehlt. Eine frühere Auslassung des Objectspronomens, wie sie die obigen plinianischen Stellen aufweisen, habe ich bei Cic. im 9. Buch der Ep. ad Fam. einmal: 21, 1 si consequi non posses — cum vero vincas sc. ea gefunden.

c. Als *Genitivus possessoris:* incredibilis memoria sc. ejus est II, 3, 3. erat acre ingenium sc. ejus (oder ei?) III, 5, 8. summum est acumen, summa frugalitas sc. ejus IV, 19, 2. fuerat Paetus in partibus sc. ejus III, 16, 7. Bei partes fehlt das Possessivwort auch sonst. Tac. Ann. 4, 60: traxit in partes suas. 15, 51: ducere in partes sc. suas. Hist. 1, 70: transiere in partes sc. ejus.

Anm. 3. Bei mutuus scheint Plin. der Analogie non invicem (s. o.) zu folgen, wenn er das Pron. poss. oder das Pron. pers. mit praep. weglässt: aequum est te pro amore mutuo omnia mea consilia cognoscere I, 5, 17. Wir vermissen sehr ein nostro oder inter nos; und wirklich sagt auch Cic. Fam. 13, 4, 4: pro nostra summa necessitudine parique inter nos et mutua benevolentia; wo inter nos nach dem vorausgehenden nostra eher zu entbehren gewesen wäre.

d. Ellipse des *Pronomen determinativum* in Beziehung auf einen *Relativsatz.* Berücksichtigung finden hier nur die Stellen, wo das Determinativum in einem obliquen und zugleich von dem des Relativpronomens abweichenden Casus zu stehen hätte. *quo utaris ipse communicare cum pluribus* II, 6, 5. *mirum est, quam efficiat in quod incubuit* IV, 7, 1. *retinere in senatu cui judices dederis* 9, 19. *praesternas ad quod hortaris* V, 8, 14. *auditurus quibus respondere debebam* 9, 1. *ne bona dissipare sinant* sc. eos, *quorum esse in custodia debent* VII, 33, 4. *contigit intueri parem accipientibus honorem qui dabat* = eum, qui honorem dabat, parem iis, qui accipiebant P. 71. *nec ab ullis magis laudatur quam quibus minime necesse est* 55. In allen diesen Stellen mit Ausnahme der letzten vertritt der Relativsatz einen *Accusativ.* Vgl. Krüger, Gr. Spr. § 51, 13 mit Anm. 2. Analog der letzten ist Cic. Att.

2*

5, 11; 6: *nunc redeo ad quae mihi mandas*; wo der Relativsatz statt des von einer Präposition regierten Casus steht cf. Gossrau § 249, 3.

Anm. 4. In Stellen wie nisi adoptasset ac. cum, qui habitare ⊔⊔ posset P. 47. geht es nahezu in die verallgemeinernde Bedeutung von *talis* über. Bei: si posset hénorest dare qui gerere non posset 77, könnte man ebenso gut *alicui* als *ei* suppliren. — Hieran mögen sich noch ein paar Stellen reihen, ye *talis* oder ein *Pron. indefin.* ohne Beziehung auf einen Relativsatz zu ergänzen ist. Ganz germanistisch klingt: epistulas quidem scribit, ut . . credas Briefe schreibt er, dass man meint — II, 13, 7. quo tamen in numero fuerunt [τινές] ex illa Thraseae divisione VI, 29, 7. quia sit aliquanto melius honestorum hominum liberos quam e plebe in curiam admitti X, 79, 8. cf. Tac. Ann. 1, 77: eoeidis non mode e plebe sed militibus cet. . . audivi referentes man erzählte mir IX, 13, 25. *aliquid* fehlt: cujus generis, quae prima occasio tibi, conferas in eam rogo eine Auszeichnung dieser Art bitte ich dich — ihm zu verleihen III, 2, 6. cf. Cic. Fam. 9, 20, 1: cum in sumptum habebas etwas aufzuwenden. *quidquam*: nec unquam tibi persuadeatur humile esse principi nisi odisse P. 85. Aehnlich fehlt im Griechischen τί bei einem substantivirten Adj. neutr. cf. Thuc. 6, 21, 1: εἴπερ βουλόμεθα ἄξιον τῆς διανοίας δρᾶν und Krüger z. d. St. *alius*: sibi ut panola II, 6, 2. Schon bei Cic. mehrfach. 8. Reisig Vorl. § 453.

IV. Casus.

§ 15. Genitivus.

a. objectivus.

α) Abhängig von Substantiven: *vitae mortisque consilium* I, 22, 10. *cons. rei familiaris* III, 19, 1. *studiorum — deorum honor* VI, 2, 2. X, 100. *lex ambitus* VI, 5, 2. 19, 4. So übrigens schon Cic. Caes. Sall. ad *vilitatem sui* pervenire sich selbst verächtlich werden IX, 3, 2. Sen. Ep. 121, 24: in nullo deprehendes *vilitatem sui* Curt. 5, 9, 7: ad *vilitatem sui* compelluntur. *suffugium imbris — solis* IX, 39, 2. So Tac. Germ. 46: ferarum imbriumque suff. Sonst *adversus*. Tac. Germ. 16: *suff. hiemi*. *experimentum tui* P. 79. Vgl. Kühnast p. 73, wo auch wegen des entsprechenden griechischen Sprachgebrauchs Krüger § 47, 7. Anm. 5 und 6 citirt ist.

β) Abhängig von Adjectiven und Participien: *omnis secreti capacissima* I, 12, 7. *cujus (amicitiae) capacem* II, 13, 10. *capax dedicationis* X, 50. (Traj.) *arborum ferax* II, 17, 15. *miraculorum f.* VIII, 20, 2. *certus fugae — posteritatis — triumphi* VI, 16, 12. IX, 3, 1. P. 16. *offensae* pariter *gratiaeque securi* 18. *securus magnitudinis suae* 71. *proximorum incuriosi* VIII, 20, 1. *fugitivus rei fam.* IX, 28, 4. *intellegens principis nostri* VI, 27, 2. *mei summe observantissimus* X, 26, 1. *reverentior senatus* P. 69. *reverentissimus mei* X, 86, 1. *inreverentem operis* VIII, 21, 3. *temperans gaudii* P. 52. *diligens temperamenti* P. 79 entspricht dem gewöhnlichen Sprachgebrauch. Der Genitiv bei *liber* in der Stelle: *liberum* autem est *discriminis* P. 36 ist nach dem Gen. bei den Adjj. der Fülle und des Mangels zu erklären und gehört wie *securus* c. gen. ursprünglich dem dichterischen Sprachgebrauch an. Madv. § 268. b. Anm. 2. Ueber den Gebrauch des Gen. bei Adjj. s. Holstein, H., a. a. O. p. 9 f.

Anm. Während der Gen. der Pron. pers. sonst regelmässig in obj. Sinne steht, ist sub exemplo *tui* P. 76 subj. Tac. kehrt an folgenden zwei Stellen den Sprachgebrauch geradezu um: Ann. 2, 54: *nostri* origine. 4, 37: *cultui meo*. Weitere Beispiele s. Gossrau § 378 Anm. Vgl. auch Vogel a. a. O. § 10.

b. partitivus. Bemerkenswerth ist hier: eodem loci P. 1. ad hoc aevi 6. quid esset veri quaerere X, 96, 8. quid ait juris V, 7, 4. quid habere velis juris et Bithynas et Ponticae civitates X, 108, 1.

c. possessoris. Dieser Genitiv, den man auch als Gen. der Angehörigkeit bezeichnen könnte, steht in erweitertem Gebrauche von Personen, die etwas angeht oder von denen etwas ausgeht, sowie von Personen und Sachen, in deren Bereich oder Sphäre jemand oder etwas fällt, von welcher jemand oder etwas abhängig oder beherrscht ist: magna res acta est omnium = quae pertinet ad omnes VI, 22, 1. pietatis est totus V, 16, 8. illis erat moris II, 19, 8. fuit moris antiqui III, 21, 3. und so noch mehrere Ausdrücke mit moris VII, 27, 14. VIII, 19, 2. P. 13. 56. 82. ut esset arbitrii mei X, 75, 2. und in einem Briefe Trajans, X, 99: rationis est es ist zweckmässig. Aehnlich Cic. Fam. 9, 6; 2: ergo haec consilii fuerunt Sache des freien Entschlusses. Caes. B. G. 7, 77: quid ergo mei consilii est? Derselbe Genitiv mit Brachylogie: quod vel Pollionis vel tamquam Pollionis accepi als wirkliche oder angebliche Aeusserung des P. VI, 29, 5. Ecdicus, Amisenorum civitatis X, 110, 1. habeantque muneris tui, quod decipi non poterunt P. 75. Hieher gehört endlich auch die Redensart boni consulere für gut achten, zufrieden sein VII, 12, 3. Sonst bei Ov. Sen. Quint.

d. der Bestimmung für etwas: triclinia illa paucorum Speisezimmer für wenige I, 3, 1. cubiculum noctis et somni II, 17, 22. amicorum cenatio Speisezimmer für die Fr. V, 6, 21. Vgl. horrea frumenti Plin. N. H. 15, 8.

e. qualitatis, mit Brachylogie: me hujus aetatis II, 4, 9. uxorem singularis exempli III, 1, 5. VIII, 5, 1. discipulum optimae spei VII, 30, 1. nihil magis a te subjecti animi factum est P. 9 (wo die kl. Ausg. mit einigen Aelteren animo hat). Mit esse: erat somni paratissimi III, 5, 8. est Priscus dubiae sanitatis VI, 15, 3. Aus dem ciceronischen Briefstil gehören hieher: ludi non tui stomachi Fam. 7, 1, 2. non multi cibi hospitem accipies, multi joci 9, 26, 4: Stellen, die auch von Kühnast, welcher p. 72 f. von dem entsprechenden livianischen Sprachgebrauch handelt, aus dem Progr. v. Krause p. 27 citirt sind.

f. pretii. Neben est tanti VIII, 2, 8. P. 6. 37. und non est tanti III, 9, 27. (beide schon bei Cic.) ist noch erwähnenswerth tanti putare II, 9, 6. IV, 26, 2. VI, 11, 4.

g. freier Genitiv: miseros ambitionis P. 58. Dieser Gen. hat causale Beziehung. Aehnlich Tac. Ann. 6, 21: trepidus admirationis et metus ausser sich vor — vgl. Cic. Fam. 9, 8, 1: exspectatione promissi tui durch die Erwartung, die dein Versprechen in mir erregt hat, deren Ursache dein V. ist. inquisitionis vestigia Spuren bei der Nachforschung VI, 25, 1. (cf. Tac. Ann. 2, 34, 1. ambitus fori bei den Gerichten Nipp.) oblata occasione proconsulis als sich durch Anwesenheit des Proc. die Gelegenheit dazu bot VII, 32, 1.

§ 16. Dativus.

a. bei Verbis: ne suspicionibus quidem haerebat III, 9, 20. haeret lateri tuo P. 24. ut haereat animo tuo gaudium 75. (crimen haeret alicui Cic. menti haerere vorschweben Ov.) redit animo kehrt in's Gedächtniss zurück VIII, 23, 6. memoriae hominum recurret P. 88.' *elabi memoriae* principio 90. (Cic. ad Her. 3, 22, 35: res e memoria elabuntur.) *victoriae tuae gratulor.* X, 14: statt *tibi victoriam* Liv. *excusare se alicui* jemands Einladung ablehnen I, 15, 4. exc. *Baeticis advocationem* den Beistand vor Gericht abschlagen I, 7, 2. Mit sächlichem Object: *excusatus honoribus* P. 57. (cf. Tac. Ann. 1, 12: *cui excusari mallet.*) *dolori consuescere* VIII, 23, 8. *commodare alicui rei* mit etwas in Einklang bringen P. 71. Bemerkenswerth ist der Dat. noch bei folgenden Compositis: *attendere* VII, 26, 2. 33, 9. P. 65. *intendere* V, 3, 8. VIII, 19, 2. *immorari* (*laudibus*) P. 16. *indormire* I, 2, 3. (cf. Sen. Vit. beat. 10.) Mit Dat. auch bei Cic. neben in c. Abl. Krause p. 17. *inducere* (nomina *fastis* für in fastos) P. 58. *inerrare* I, 6, 3. VII, 27, 6. *innatare* VIII, 17, 2. *innutritus* IX, 33, 6. P. 16. *invigilare* P. 66. So schon Cic. Ausserdem Virg. Lact. — Ov: pro. *intervenire* VI, 33, 9. Ebenso Liv. Ov. Dagegen Tac. Ann. 3, 23: ludorum diebus, qui *cognitionem* intervenerant. *superfundi* VIII, 17, 1.

b. des Thätigen beim Passiv: *inhabitantibus* tristes diraeque noctes *vigilabantur* VII, 27, 6. Sonst Plin. nur mit part. perf. und damit zusammengesetzten Formen. Hieher ist auch zu ziehen: *inascensum superbiae* principum locum P. 65. (cf. Kühnast p. 139. S. d. T. § 51.)

c. bei Adjectivis: *subitum recitanti inopinatumque* venisse I, 13, 3. *ei* consilium pulcherrimae mortis non *subitum* fuisse III, 16, 9. (cf. Cic. Fam. 13, 2: propter opera instituta *subitum* est *ei* remigrare Kal. Quinct. kommt es ihm zu früh — Tac. Ann. 1, 56: *Chattis* adeo *improvisus* advenit.) villa *usibus capax* für ihre Zwecke geräumig II, 17, 3. (cf. Sall. Jug. 98, 3: collis *castris* parum *amplus.* Liv. 26, 42, 4: portus satis *amplus classi quantaevis.*) *nudisque* etiam *pedibus mollis* et cedens II, 17, 15. *quibus* [senibus] industria *sera, turpis* ambitio est III, 1, 2. *liberum* est amicis III, 1, 8. *nemini* hoc *longum* est III, 1, 9. quamlibet *subitis paratus* III, 9, 16. aestatem *inquietam vobis exercitamque* VII, 2, 2. *arduum immensumque,* etiam *tuo ingenio* VIII, 4, 3. *nobis implacabiles — exorabiles istis* VIII, 22, 3. *sollemne* est *mihi* X, 96, 1. *indecora nominibus* corpora — *saeculo* studia P. 17. 46. (Absolut bei Cic. Hor. Quint. Tac. Bei Quint. auch c. Dat. 11, 1, 29: actio *omnibus indecora.* 60: *indecora dicentibus.*) quid *laudabilius feminis* P. 84. *humile principi* 85.

d. bei Substantivis: herbas et folia *signum loco* ponit VII, 27, 10. id enim *oppidis* firmissimum *ornamentum* 32, 1. ut illi superbissimae *abstinentiae* Caesar ipse *advocatus* esset VIII, 6, 9. misera res est pater *filio* solus *heres* P. 38. — Ueber die ersten Spuren dieses Gebrauchs (σχῆμα Κολοφώνιον) bei Cic. und Sall. (?) und dessen weitere Ausdehnung bei Liv. s. Kühnast p. 119 f. 130 f. über die häufige Verwendung dieses Dat. bei Tac. S. d. T. § 53.

e. des Zwecks: coeperam *itineri* me praeparare V, 14, 8. cum *balineo* praepararer VII, 1, 5. historiam — quae non *ostentationi,* sed *fidei veritatique* componitur 17, 3. senatus — modo *ludibrio* modo *dolori* retentus VIII, 14, 8. *honori tuo* sperata suffragia P. 63.

f. ethicus: ecce *tibi* Regulus „quaero" inquit — I, 5, 5. quos *tibi,* Fortuna, ludos facis? (im Deutschen: sich einen Spass, Jux machen) IV, 11, 2. Dieser Dativ ist dem ciceronischen Briefstil besonders eigen. Krause p. 27.

g. des Urtheils: ut *tibi* ipse sis tanti quanti videberis aliis si *tibi* fueris I, 3, 5. (klingt wie ein Germanismus.) Serrana — *Patavinis* quoque severitatis exemplum est I, 14, 6. splendidiorem et *sibi* et *avunculo suo* IV, 4, 2. Macro legem *intuenti* consentaneum fuit 9, 7. quam [voluntatem] *bonis heredibus* intellexisse pro jure est 10, 3. *mihi* primus qui a te proximus VII, 20, 6. Die Genesis dieser bei Cic. nicht vorkommenden Erscheinung geht auf Caes. zurück. Liv. hat diesen Dat. schon in mehrfacher Beziehung. Tac. gebraucht ihn wie Plin. Kühnast p. 123. S. d. T. § 50.

§ 17. Accusativus.

a. bei Verbis: audire, legere, narrare mit Acc. statt de bei dem Gegenstand, Thema, worüber man etwas hört oder liest, wovon man erzählt: quae facta, quos viros audias III, 1, 6. ex quibus *audire* soleo *hunc ordinem* comitiorum III, 20, 5. audies nuptias IV, 2, 7. audita simulacra VII, 27, 7 [1]). illas quae leguntur VII, 19, 7. agnoscit narratam sibi effigiem VII, 27, 8. Den ciceronischen Sprachgebrauch in dieser Richtung behandelt eingehender Krause p. 25. Zu den dort angeführten Beispielen kann noch hinzugefügt werden Fam. 9, 2, 5: scribere et legere πολιτείας i. e. *de* civitatum gubernandarum rationibus Ernesti Clav. Cic. s. v. πολιτ. Phameae *cenam narrare* ibid. 16, 8. Verwandt ist die Ausdrucksweise in der Stelle: clamat moriens *hominem nequam, perfidum* d. h. stiess Verwünschungen aus über — in or. dir. stünde der Acc. des Ausrufs — II, 20, 5. Vgl. Liv. 21, 62, 2: infantem *triumphum clamasse*; direct: io triumphe 22, 1, 20: Saturnalia clamata; direct: io Saturnalia. cf. Kühnast p. 142. und Weissenb. z. d. St. — cogitare an etwas denken, ebenfalls nach Cicero's Vorgang: posteros cogitant V, 5, 4. si principem cogitares P. 64. excusare aliquid. Die Bedeutung: als Entschuldigungsgrund anführen ist schon aus Cic. Caes. Liv. bekannt S. d. T. § 41. a. Noch freier ist der Acc. in der Verbindung excusare advocationem I, 7, 2. s. o. § 16. a. und pauculos dies excusem i. e. adferam causam quare actio differatur pauculos dies Gier. 18, 1. evadere mit dem Acc. einer Person: Caesares II, 1, 3. Sonst gew. mit Sachen. So I, 12, 11 perpetuam valetudinem; ferner: flammam Virg. ardua — angustias Liv. postremum illud tempus Tac. insidias Suet. cf. Kühnast p. 145. S. d. T. § 40. c. Noch sind anzuführen folgende Verba mit dem Acc. des pron. neutr.: adniti VI, 18, 1. cogere II, 20, 11. VIII, 6, 3 (ut illa — zu solchen Dingen — cogatur). X, 96, 5 (quorum nihil posse cogi dicuntur qui sunt re vera Christiani — Dinge, deren keines von denen erzwungen werden kann —). P. 6. 46. 86. dubitare VI, 27, 5. hortari — monere IX, 1, 1. innuere VII, 27, 9. perseverare P. 14. Ueber diesen bei Liv. unverhältnismässig häufigen Gebrauch vgl. Kühnast p. 155. Bei Cic. Krause p. 26. — habere mit doppeltem Acc.: anxium me et inquietum habet petitio II, 9, 1. lectorem

---

1) Anders mit dem Acc. der Person: ut *ipsum* audiebam statt ex ipso I, 12, 4. Die Anfänge dieses Gebrauchs liegen wohl in der dem Cic. geläufigen umschreibenden Wendung: saepe soleo audire Roscium, cum ita dicat Or. I, 28, 129 u. dgl. Kühner § 149. Anm. 8.

novitas *intentum habet* III, 13, 2. (anders: *quam molitter tuos habens* V, 19, 1.) *Plinius* ist hier ganz Nachahmer des *Cicero*, vgl. Krause p. 26. Ueber den Sprachgebrauch anderer cf. S. d. T. § 42.

   b. gräcisirend: *tunicas quas erat induta* II, 20, 11. cf. Kühnast p. 152. S. d. T. § 40. e.

   c. exclamationis: II, 10, 1. 20, 2. IV, 21, 1. P. 19. 58. mit *o*: V, 16, 6. VI, 11, 1. P. 7. 86. Anders *o prava et inscia verae majestatis ambitio* P. 63, wo man im Zweifel sein kann, ob es Voc. oder Nom. ist. Vgl. Gossrau § 252. 7.

   Zusatz zu § 16 f. Absolut gebrauchte Verba: *studere* II, 8, 1. 13, 5. III, 5, 8. 11. IV, 13, 3. V, 5, 5. 18, 2. VI, 16, 5. 7. VII, 13, 2. 15, 1. 24, 5. VIII, 8, 7. 9, 1. (Für diesen abs. Gebr. von *stud.* citirt Klotz im HW. ausser den hier vervollständigten plinian. Stellen Quint. Tac. Suet.) *admittere*: eoquid jam mare admitteret sc. navigantes oder navigationem VI, 16, 17. *audire* III, 20, 6. *conferre cum — alqo* Acc. — mit jmdm conferiren IV, 10, 2. *discere* Unterricht geniessen IV, 13, 4. *disponere* apte III, 13, 3. *enuntiare* magnifice — *figurare* varie — *invenire* praeclare ibid. *exprimere*: vereor ne parum expresserim VIII, 2, 5. *obtinere* Recht behalten IV, 12, 4. Zum Schluss möge das einer *präpositionalen* Ergänzung fähige *exire* abreisen X, 81, 1. hier stehen. Die livianischen Verba absoluta (mit Vergleichung anderer Autoren) s. Kühnast p. 148—151.

   § 18. Ablativus [1]).

   a. bei Verbis. Den der silbernen Latinität eigenen Abl. rei neben dem Dat. pers. bei *invidere* hat Plin. mehrfach: I, 10, 12. II, 10, 2. 20, 8. III, 8, 2. VII, 28, 2. IX, 13, 5. Daneben aber auch die gewöhnliche Construction: qui nec ullius invides laudibus IX, 23, 6. Vgl. S. d. T. § 64. Gossrau § 285. Anm. 12. *perfrui* mit doppeltem Ablativ: ut te non *decurione* solum verum etiam *equite Romano perfruamur* I, 19, 2. *exundare*: marmoreo labro aqua *exundat* V, 6, 20. *damnata solitudine* domus (von einem Hause gesagt, in dem es spuckte) VII, 27, 6. cf. pecunia exilio capite. Frühere Abänderungsversuche daher unnöthig.

   b. loci. *isdemque* quibus lingua Romana *spatiis* pervagentur II, 10, 2. *interiore circumitu* 17, 15. *alia — alia — utraque* 20. (Anders § 18: hac vel illa da- oder dorthin. [2])) montes *summa* sui *parte* nemora habent V, 6, 7. *interioribus circulis* 33. *siccis harenis* detinebat VI, 20, 9. quia me luctus *limine* contineret IX, 13, 4. pergamus *itinere instituto* IX, 14. quam bene *umeris tuis* sederet imperium P. 10.

   c. temporis. Zum Ausdruck der Zeitdauer: dixi *horis* paene quinque I, 11, 14. *tota vita* litteris adsident III, 5, 19. *paucis diebus* aegre focilatus 14, 4. quam gravari vel *puncto* temporis solebamus — recitare et audire *triduo* 18, 6. egeram *horis tribus et dimidia* IV, 9, 9. *pauculis* adhuc *diebus* commorabor 13, 1. perstitit *septem horis*

---

   1) Den seltenen Abl. *sorti* IV, 12, 2 hat auch Cic. und Liv. Kühnast p. 27.

   2) Darnach ist wohl auch zu erklären: in illam partem ito *qua* sentitis = in quam inclinatis sententia vestra *Gier.* VIII, 14, 19. Cic. sagt cum, Plaut. ab aliquo sentire.

16, 2. vixit cum hac triginta novem annis VIII, 5, 1. recitavi biduo 21, 4. compluribus diebus fuit mecum X, 21. per omne tempus quo fuimus una 85. pauculis diebus gestum consulatum P. 55. haec diebus ac noetibus agitare secum videtur 67. Vgl. Tac. Ann. 1, 53: quattuordecim annis exilium toleravit. Zu den andern S. d. T. § 58 angeführten Stellen kommt noch Suet. Cal. 59: vixit annis undetriginta. cf. Gossrau § 332. 2.

d. instrumenti, wo wir im Deutschen eine andere Auffassung haben: tantum utraque lingua valet er ist so stark in beiden Sprachen VII, 25, 4. futura praeteritis, adversa secundis auguratus 27, 3. (Cic. ex.) Danubius duratus glacie ingenti tergo bella transportat P. 12. Für den Lateiner ist tergo instrumental, während wir es local fassen. Nur scheint Kühnast p. 174. diesem instrum. Abl. eine zu weite Ausdehnung zu geben, wenn er ihn auch in Verbindungen wie carpento, sella curuli, campo, montibus sedere annimmt. Instrumental sind ferner die Abl. P. 52: augustioribus aris et grandioribus victimis invocarentur. — Personen instrumental gefasst: felicitas terrae imbecillis cultoribus fatigatur leidet durch den Umstand, dass die Bebauer dürftig sind III, 19, 6. habitatore servo teruntur P. 50.

Im weitern Sinne instrumental ist der Abl. der Norm (Gossrau § 326. 11). an scholastica lege tertiam poscis? II, 20, 9. lege, qua Bassum accusaverat IV, 9, 20. legibus quaerit V, 9, 3. si illius utilitatibus aestimetur 21, 2. vestro judicio VII, 12, 4. dixerant sacramento militari X, 29, 2. (cf. Weissenb. ad Liv. 32, 26, 11. Kühnast p. 162.) te commilitone censetur P. 15. privato judicio principem geris 44. Den Uebergang des Abl. instrumenti in den der Norm zeigen recht deutlich Stellen wie sanctitas morum non distat ordinibus V, 3, 6. Dagegen: quod meis moribus gessit VII, 11, 6. unius moribus vivere P. 45 ist modal zu fassen.

e. qualitatis — mit Brachylogie: multos parvo ingenio, litteris nullis ut bene agerent agendo consecutos VI, 29, 4. cf. S. d. T. § 61. Eine gewagte Ausdehnung dieses Gebrauchs zeigt sich in folgender Wendung: decorus erit tibi consuli quaestor patre praetorio, propinquis consularibus dessen Vater Prätor war u. s. w. IV, 15, 10.

f. modi. Diesen Abl., der im silbernen Zeitalter mit immer grösserer Freiheit gebraucht wird, bespricht näher mit Rücksicht auf die Genesis dieses Sprachgebrauchs Roth im 13. Exc. zu Tac. Agr. und ebenso Kühnast p. 175—178. Storch, Einige Bemerkungen zur Grammatik des Tacitus (Progr. von Memel 1868) p. 9 f. macht auf den Uebergang dieses Abl. in den Abl. abs. und die in demselben oft neben der modalen Bedeutung enthaltene Zeitbestimmung aufmerksam. Wannowski weist ihn in dem Posener Programm von 1847 p. 30 ff. an einigen Beispielen in sehr freier Anwendung bei dem älteren Plinius nach. Vgl. auch Bach, die Lehre von dem Gebrauche der Casus in der lateinischen Dichtersprache § 12. Bei den folgenden Beispielen beschränken wir uns auf das minder Gewöhnliche. hoc certe judicio facio IV, 15, 1. (Uebrigens schon bei Caesar B. G. 6, 31, 1.) decessit veteri testamento V, 5, 2. (honestissimo test. VII, 24, 2. alio test. VIII, 18, 3.) quievit verissimo somno VI, 16, 13. (cf. Curtius IV, 13, 18.) nisi misero solatio credidissem 20, 17. noctem

3

spe ac metu exegimus ibid. 19. quae me deceat vel sponte (ohne Gen. oder Prot. poss. auch bei Ourt. Vogel a. a. O. § 30. g.) fecimus 29, 11. [sua] quoddam velut *aggere* construuntur 31, 16. invitatus *hospitio* VII, 25, 3. (Schon bei Cic.) [theatrum] *ingentibus rimis* descendit et hiat X, 39, 2. vectigalia instituti singulorum injuriis coegerunt P. 37. Doch auch mit cum: dixi *magno cum labore, majore cum fructu* IV, 16, 3. Im Uebergang zur temporalen Bedeutung, ohne eigentliche Zeitbestimmungen zu geben: *recenti dolore* in meinem frischen Schmerz I, 12, 12. *foedissimis tempestatibus* III, 18, 4. *alio senatu* in einer folgenden Senatssitzung V, 4, 2. *prima quaque occasione* IX, 28, 5. *hoc certamine* bei diesem Wettstreit 38, 4. Vgl. Cic. Fam. 9, 3, 1: nos *hoc tanto incendio* civitatis in istis locis caso = cum nunc, tantum incendium sit. — Zu beachten ist auch der adverbiale Ablativ, der die Stelle eines Prädicats zum ganzen Satz vertritt: nec *minore scelere* absentem imoditamque damnavit IV, 11, 6. *nimia modestia* recusasses P. 58. cf. Tac. Ann. 1, 18: *leviore flagitio* legatum interficietis.

g. causae. Mit Recht hat schon Roth a. a. O. im 14. Exc. darauf hingewiesen, dass „selbst die morosesten Lateiner des goldenen Zeitalters" auch äussere Ursachen durch den einfachen Abl. ausdrücken. Zu den dort angeführten ciceronischen Beispielen kommt noch hinzu Brut. 90, 308: oratorum aut *interitu* aut *discessu* aut *fuga* primas in causis agebat Hortensius. Fam. 9, 11, 1: meo ipsius *interitu* mallem litteras meas *desiderares* quam *eo casu*. Leg. 3, 7, 15: regale civitatis genus non tam regni quam, regis *vitiis* repudiatum est. Vgl. Kühnast p. 163—165. S. d. T. § 64. Aus Plin. sind für den Abl. causae folgende Stellen hervorzuheben: ille *imbecillitate*, hic *viribus* peccat I, 20, 21. ne tacitis *suffragiis* impudentia irrepat III, 20, 8. *salubri temperamento* in Folge einer zweckmässigen Einrichtung ib. 12. pontificis maximi *jure*, seu potius *immanitate* tyranni, *licentia* domini vermöge — IV, 11, 6. *abortu* periit ibid. *studiis* processimus, *studiis* periclitati sumus 24, 4. sermonem *diversitate* judiciorum longius processisse V, 3, 1. *ruina* montis littora obstantia VI, 16, 11. crebris *tremoribus* tecta nutabant ib. 15. non denique assurrexerunt saltem *lassitudine* sedendi wenn es auch nur aus Ueberdruss am Sitzen gewesen wäre 17, 2. nunquam secundis *rebus* intumuit, nunquam officiorum *varietate* continuam laudem humanitatis infregit VII, 31, 3. pulchrum istud et *raritate* ipsa probandum ib. 6. *pluribus* singula, *posterioribus* priora dimittere über dem zu vielen das einzelne — vergessen IX, 18, 2. *divinitate* parentum desides ac superbos P. 11. visenda cum *cetera specie*, tum quod — wegen des sonstigen Anblicks — 51. In Verbindung mit dem Pass. nähert sich dieser Abl. oft dem instrumentalen. Doch lässt sich z. B. in folgenden zwei Stellen das causale Verhältniss nicht verkennen: *beneficio* fastidii tui ipse laudabor Dank deinem eckeln Geschmack VII, 12, 3. *sorte* — *judicio* missus VIII, 24, 9.

h. limitationis. *major annis* = m. natu IV, 23, 4. natalibus clara, *moribus* proba, aetate declivis VIII, 18, 8. liber et opusculis varius et *metris* 21, 4. quibusdam sui *partibus* truncatum IX, 39, 4. maxima jam *parte* constructum X, 39, 1. modica *cultu*, parca *comitatu*, civilis *incessu* P. 83. Verbindungen wie *imitari* Demosthemen *figuris*, I, 2, 2. ne *verbo* quidem *labitur* II, 3, 3. lassen instrumentale Auffassung zu.

i. pretii [civitas] *magno* aestimabatur P. 37. So schon Cic. Tusc. 3, 4, 8. aber der seltenere Fall. Kühner, Schulgr. § 111. Anm. 9.

V. Präpositionen.

§ 19. Mit dem Accusativus.

ad auf die Frage wo? *ad villam* II, 2, 3. Ein Ausdruck der Umgangssprache, schon bei Cic. RAm. 15, 44, (Verr. 4, 21, 48 *apud* villam) wie *ad forum, ad portum* Plaut. Eine Erweiterung dieses Gebrauchs ist *ad orientem* IX, 13, 11. (Tac. gebraucht so *apud* bei den Namen von Städten, Ländern und anderen Oertlichkeiten in den beiden ersten Büchern der Ann. zehnmal und sonst, *apud orientem* 3, 12.) — *ad hoc* das Hinzukommen von etwas weiterem ausdrückend nach dem Vorgang von Sall. Cat. 14. 17. 21. 44. Jug. 2. 6. 17. 31 extr. Or. Phil. 21. Liv. 6, 20, 8. bei Plin. II, 13, 6. 14, 2. 17, 19. IV, 9, 10. P. 4. 77. S. auch Tac. Ann. 12, 34. 15, 4. — Das *ad* des Zweckes prägnant: *ad vetera tributa deficiunt* sind unvermögend die alten Steuern zu bezahlen P. 29. — Zum Ausdruck der Norm: *ad rationem* loci et temporis III, 18, 1. *ad hunc gustum* IV, 27, 5. formam *ad eximiam pulchritudinem* pictam V, 6, 13. — Veranlassung: *ad quas* ille *voces* pudore suffunditur P. 2. *ad ingressum tuum* foribus reclusis 5.

circa uneig.: in Beziehung auf — *circa Classicum* brevis labor III, 9, 13. postulatio Nepotis *circa Tuscilium* V, 13, 1. *circa me* modum excessit VI, 21, 6. quid oporteat fieri *circa theatrum* X, 40, 1. (Ein Brief Trajans.) nullum *circa hospitia* fastidium kein anspruchsvolles Wesen bezüglich der Quartiere P. 20. [officia] quae *circa tuendos socios* injunxeratis 95. In den von Kühnast p. 361 angeführten livianischen Stellen 27, 27, 12. 36, 7, 1. schwebt noch die räumliche Anschauung vor: multos *circa unam rem ambitus* fecerim — cum *circa hanc* fere *consultationem* disceptatio omnis verteretur. S. auch S. d. T. § 87.

citra ohne. *citra dolorem* II, 1, 4. So Tac. Dial. 27: judicium animi *citra damnum* affectus proferre. Agr. 1: *citra fidem*. 35: *citra* Romanorum *sanguinem* u. a. Fehlt in den Hist. und Ann. Dräger ad Agr. 1. S. d. T. § 87.

inter prägnant: *inter altissimas condiciones* da ihm die Wahl unter den angesehensten Partien frei stand I, 10, 8. — atque *inter ista* und dabei X, 86. a.

intra uneig.: cum adfirmetis *intra vos futura* III, 10, 4. (vgl. im Deutschen: „das bleibt unter uns".) *intra ipsos residunt* bleiben auf ihren Kreis beschränkt IV, 22, 7. paulisper se *intra silentium* tenuit IV, 17, 8. multum me *intra silentium tenui* VII, 6, 6. se *intra* judicum *auctoritatem gravitatemque tenere* IX, 23, 1. — Etwas anders Cic. Fam. 9, 26, 4: epulamur una non modo non *contra legem*, sed etiam *intra legem* et quidem aliquanto unter der Linie des Gesetzes. Liv.: *intra finem* Kühnast p. 365.

per **zur ungefähren Ortsangabe:** *per eadem locu* invenio *fossam* X, 41, 4.
— **vom begleitenden, vermittelnden Umstande:** *per hoc mendacium commendent* I, 2, 6. *per solitudinem* VI, 16, 13. *per aetatem non interfuisti* IX, 18, 1. *per gradus quosdam* III, 14, 8. *per hoc* 18, 3. *per epistulam* opp. *coram* VI, 17, 1. *per otium* 20, 5. *per desidiam* et *otium* VII, 13, 2. *per summum nefas* VI, 22, 4. *per plures species* auf mehrfache Weise 31, 2: *per haec* etiam magnus animus ostenditur 34, 2: *per hoc* rei publicae sors in tuto VII, 18, 3. *per vices quasdam* VIII, 14, 4. *per quod* effectum est X, 56, 5. 79, 5. In dem letzten Beispiel u. a. kommt *per* der causalen Bedeutung ganz nahe. — **Distributiv:** *per singulos* III, 9, 11.

post decimum mortis *annum* = decimo anno post mortem VI, 10, 3. schliesst sich an den von Vogel a. a. O. § 20. besprochenen Gebrauch an. Vgl. Madvig § 270. Anm. 4. § 276. Anm. 6.

§ 20. **Mit dem Ablativus.**

ab auf die Frage wo? *a pedibus* — *a tergo* — *a capite* II, 17. 21. *a mari* — *ab horto* auf der Seite gegen das Meer, den Garten hin ibid. 15. uneig.: *a petitore* — *a possessore* agere auf der Seite jemands, für jemanden auftreten (wie *ab* aliquo stare, facere, sentire, dicere, tractare aliquid) VI, 2, 2. — Bei der von einer gewissen Seite ausgehenden Thätigkeit oder Wirkung: *adoptionem a vitrico meruit* X, 4, 4. *a partu decessit* IV, 21, 1. *a nimia superstitione*, sed tamen et *a magno* studiorum *honore veniebat* es kam her von — (wie ein Germanismus klingend) VI, 2, 2. sed hoc *a Maurico* novum non est. Das ist von M. nichts Neues (auch ganz germanistisch!) IV, 22, 4. cubiculum *a proxima platano* viride V, 6, 22. Für den letzten Gebrauch noch mehr, namentlich dichterische Beispiele bei Hand, Turs. I, 29.

de abhängig von Verbis: *stipulari de aliquo* sich von einem ausbedingen II, 11, 23. *experiri de aliqua re* in Betreff einer Sache die Probe machen, sie prüfen III, 15, 5. (Anders Cic. Phil. 12, 2, 6: *de me experior* erfahre es an mir, nehme es an mir ab.) ut exsul *de senatore*, rhetor *de oratore* fieret IV, 11, 1. *se de fortuna vindicat* an dem Schicksal oder wegen seines Geschicks ib. 14. Von einem Substantiv: *hanc de me fiduciam* 17, 10. gemäss: *de more* P. 5.

ex causal: aus einem bestimmten Beweggrund, in Folge, auf Grund von — wegen, vermöge. *ex fortuna* wegen seiner äusseren Verhältnisse III, 7, 4. *ex fiducia* sui an *ex contemptu* principis dixerit (wo der blosse Abl. genügte) IV, 11, 8. *ex admiratione* ingenii tui aus Bewunderung für — 13, 10. *ex admir.* diligere 17, 4. *ex mei caritate* 19, 2. *ex tua praedicatione* in Folge deiner Anpreisung ib. 6. *ex cujusdam testamento* 22, 1. *ex auctoritate publica* ib. *ex necessitate* V, 13, 10. (etwas anders I, 12, 2: magnum *ex ipsa necessitate* solatium est.) est enim *ex virtutibus* ejus larga materia VI, 27, 1. *ex periculo* ejus — *ex salute* in Folge — IX, 22, 3. misera illa *ex periculis* facta prudentia P. 66. *ex communibus injuriis* odisse 90. Daran schliesst sich an: *ex liberalitate* Nervae emendis agris VII, 31, 4. So ist auch bei causa *ex* das dem Plin. Geläufige z. B. *ex pluribus causis* I, 2, 6. *qua ex causa* 8, 7. und oft, während das classische *de* (Krebs, Antib. p. 378) von mir nur an vier

Stellen bemerkt ist. — Einzelnes Eigenthümliche: *ex natura* natürlich opp. *fatalis* I, 12, 1. *ex parte* — *ex parte* theils — theils VI, 31, 7. *ex omni occasione* bei jeder Gel. 28, 1. *ex eadem nota* = *ejusdem generis* IX, 26, 9. (anschliessend an Verbindungen wie die von Trajan X, 7 gebrauchte: *ex quo nomo sit*). pecunia, *ex qua fiat* [balineum] *von*, mit welchem gebaut wird X, 23, 2. *e studiis nostris* in Gemässheit des von mir gewählten Fachs P. 95. Gewöhnlich ist dagegen: *ex utilitate publica — omnium* P. 4. 94. *e vestigio* VI, 4, 1.

pro. quae *pro se* putabat sc. *esse* V, 1, 6. Schon Cic. Or. 3, 20, 75: hoc non modo non *pro me*, sed contra me *est* potius. Cluent. 32, 88: *pro hoc esse.* Ausserdem Sall. Liv. Curt. Hand, Turs. IV, 580. S. d. T. § 90. *suspensus pro homine amicissimo* VIII, 5, 3. Aehnliche Ausdrucksweisen bei Cic. Sall. Liv. Tac. Ov. s. Hand a. a. O. p. 586. *pro gestatione* der Bewegung wegen IX, 15, 3.

§ 21. Mit beiden Casus:

in c. Acc. bei Städtenamen auf die Frage wohin? *in Nicomediam* pervenisse X, 74, 1. Die Stellen bei Plaut. s. Hand, Turs. III, 300. Liv. 40, 4, 10: *in Thessalonicam.* Vgl. Kühnast p. 156. — Prägnant: *in dextram aurem dormire* sich aufs rechte Ohr legen und schlafen IV, 29, 1. — *usque in* für *usque ad*: *usque in adventum suum* X, 63. u. i. *hoc tempus* 120, 1. Hand l. l. 336. — *in* bei Strafort oder Strafe: damnatus *in metallum* II, 11. 8, X, 58. 3. *in opus — in ludum* damnati 31, 2. *in poenas* ib. 4. Trajan sagt 32, 1: damnati ad poenam. Ebenso Tac. Ann. 16, 21: damnari ad mortem. Lact. hat *in* und *ad*. — Zum finalen Gebrauch, der bei Liv. und Tac. ein ausgedehnter ist (Kühnast p. 363 S. d. T. § 80.), gehört: adoptavit te optimus princeps *in suum nomen* P. 88. — Distributiv: *in singulos gradus* P. 22 fin. Analoge Verbindungen sind: *in capita, in singulos modios, in dies* (*singulos*), *in horas* (*singulas*). Hand l. l. 329. 342 t.

c. Abl. *in domo mea* VII, 16, 2. VIII, 23, 2. Vgl. auch *pluribus in locis* (wo *in* gew. fehlt) VI, 16, 13. Gebiet, dem ein Gegenstand, eine Thätigkeit angehört, auf dem sie sich bewegen: erat [materia] prope tota *in contentione* dicendi I, 2, 3. erat *in consilio* Sertorianum illud exemplum Gegenstand der Erwägung war, vor Augen stand das Beisp. des S. III, 9, 11. (cf. Cic. Fam. 9, 6, 2. haec *in voluntate* fuerunt Sache des freien Willens.) vinci *in amore* (sonst amore) IV, 1, 5. — Gegenstand, an dem eine Thätigkeit ausgeübt wird: idem *in secundo* ac *tertio fecisse* V, 5, 5. *in pluribus claris* adulescentibus factitatum VI, 23, 2. — Der Gräcismus [zugleich Germanismus] *in una urbe* universam ceperitis Hispaniam (Liv. 26, 43, 3. Kühnast p. 364) hat auch bei Plin. seine Parallelen: ut litterae *in uno homine* summum periculum adire videantur I, 22, 1. omnibus nunc ego *in uno* gratiam referre possum II, 9, 5. sibi maledici *in istis* interpretabatur P. 33. alter *in altero* consul, sed iterum et pariter sumus 91. — Zustand: annum LXXXIII excessit *in altissima tranquillitate pari veneratione* II, 1, 4. *in hac novissima valetudine* ib. 9. *in hac tranquillitate* III, 7, 9. *in flore primo* IV, 21, 2. Zuständlich sind auch die Wendungen *in reditu esse* im Ertrage stehen, ertragsfähig sein IV, 6, 1. *in causa esse*

Schuld sein VI, 1, 2. 10, 3. — Abhängigkeit von begleitenden Umständen, temporale, causale, hypothetische, concessive Nebensätze vertretend, bei Cic. in beschränktem Gebrauch, bei Liv. sehr häufig. (Kühnast p. 364.) Plin. hat es an folgenden Stellen: *in summa avaritia* sumptuosus, *in summa infamia* gloriosus IV, 2, 5. *in procero corpore* maesta et squalida senectus 9, 22. *in ingenti invidia* destitutus 11, 5. *in tantis vitiis* hominum plura culpanda sunt quam laudanda V, 8, 13. quae gloria dignum est *in tanta* eligendi *facultate* praecipue placuisse VII, 31, 4. ingenio *in summa severitate* dulcissimo VIII, 12, 4. *in hac* quoque *diversitate* aequalitatis ratio servata est P. 25. Das concessive Verhältniss wird in folgenden drei Stellen durch ein hinzugefügtes quamquam noch besonders ausgedrückt: Aciliano plurimum vigoris industriae quamquam *in maxima verecundia* I, 14, 7. potest tamen fieri, ut quamquam *in his difficultatibus* librojisti novitas lenocinetur II, 19, 7. quae quamquam *in verissimis rebus* tam fabulosa materia? VIII, 4, 1. — Das allgemein gebräuchliche *in praesentia* hat auch Plin. II, 5, 10. Dagegen ist *tuo in saeculo* nihil est, quo non omne hominum genus laetetur P. 46 nicht zeitlich zu fassen, sondern zu übersetzen: an deinem Zeitalter, deiner Aera, Regierung ist nichts u. s. w. —

sub c. Abl. zur Bezeichnung der Einwirkung, des Einflusses: *sub hac exceptione* I, 2, 5. *sub exemplo* 18, 5. VI, 5, 2. *sub exemplo* praemonere II, 6. 6. III, 18, 2. P. 53. (cf. Vell. 2, 127; sub his exemplis.) *sub ea condicione* IV, 13, 10. mit nachf. si VIII, 18, 4. *sub nomine* V, 11, 1. P. 50. *sub alterius invidia* VI, 2, 3. *sub hac inscriptione* VIII, 6, 1. *sub titulo* P. 4. *sub hac modestia* viri quantum debet verecundiam uxor marito 83. Dieser Gebrauch ist schon bei Liv. ein ausgedehnter, während ihn Cic. seltener hat. Kühnast p. 366 f. Vgl. auch S. d. T. § 92.

super c. Acc. Vorrang (bisweilen bei Liv. Kühnast p. 367. bei Curt. Vogel § 20).: VII, 13, 2. P. 24. 26. 65. 93. — = praeter: IV, 26, 2. VIII, 4, 2. X, 100. P. 75. aliis *super alias* epistulis VII, 8, 1. aliis *super alia* operibus X, 88. aliis *super alias* expeditionibus P. 14. — temporal: super *hanc* [cenam] III, 5, 11.

c. Abl. = de: super *tanta re* II, 11, 11. 18, 4. Mit *res* schon bei Liv. gewöhnlich Kühnast a. a. O. Bei Sall. und Tac. auch mit andern Subst. S. d. T. § 93. b).

§ 22. Allgemeines über die Präpositionen.

a. Ellipse bei der Vergleichung: *in longinqua provincia quam suburbana, inter servientes quam liberos humanior* VIII, 24, 9. *pulchrius est ex communibus injuriis odisse quam propriis* P. 90. zugleich mit Ausfall des Pron. demonstr. ibid. Hieher gehört auch: *in amplissima causa quasi magno mari . . . sumus vecti* VI, 33, 10. Bei *cum — tum* P. 67. *vel — vel* IV, 17, 11. *alter — alter* V, 6, 31. Aehnlich: *in paucissimis civitatibus, aliud aliis, jussit inferre* statt *in* aliis X, 112, 2. Vgl. Wichert, Ueber die Ergänzung elliptischer Satztheile aus correspondirenden, Guben 1861. (Progr.) p. 12—18. S. d. T. § 103.

b. Anastrophe: *hunc subter* VIII, 8, 2.

c. Präpositionen mit dem substantivirten Adj. neutr. s. § 7. b. β. bb. Präpositionalausdrücke attributiv s. § 24.

VI. Adverbia.

§ 23. Einzelnes.

adhuc von der Vergangenheit IX, 13, 7. P. 15. 61. und sonst. Bei Cic. selten, häufig schon bei Liv., nicht selten bei Curt. und Tac. Kühnast p. 349. Vogel § 12. b) S. d. T. § 24. Ein Hinzukommen von etwas Weiterem, eine Steigerung ausdrückend: *adhuc aliquid praeterisse* III, 9, 37. charta *adhuc* superest 14, 6. pauculis *adhuc* diebus commorabor IV, 13, 1. *adhuc* ardentius P. 85. Curt. hat z. B. *adhuc* implere immer mehr anfüllen, aber nicht adh. c. Comp. wie Sen. Quint., die es zuerst so brauchen. Vogel § 22. Krebs, Antib. s. h. v.

aeque ut I, 20, 1. *aeque quam* V, 19, 5. Dieses auch bei Liv. und Tac. S. d. T. § 176.

ceterum in Wirklichkeit aber P. 5. S. d. T. § 21. = sed, autem P. 76.

demum eben nur: *ita demum si* eben nur unter der Bedingung dass — P. 68. Aehnlich X, 22 (Traj.). Anders IX, 36, 5. Hand II, 258.

dum beim Imperativ: *mane dum* VIII. 6, 13. (Ebenso Ter. Hec. V, 4, 4.) *age dum* IX, 19, 6.

dumtaxat = wenn auch nur III, 9, 26. = nur IV, 9, 7. X, 33, 3. = freilich nur V, 6, 12. IX, 13, 4: *dumtaxat* intra domum versteht sich nur im Hause VIII, 16, 2. doch nur IX, 34, 1. X, 56, 4. wenigstens X, 63. *dumtaxat* in paucissimis civitatibus, obgleich nur in den wenigsten Städten 112, 2.

hactenus quod — IX, 15, 3.

inde = ob eam causam zwar schon bei Cic., aber doch hauptsächlich der silbernen Latinität eigen. (Liv. 1, 1, 6: duplex *inde* fama est ist diese Bed. von Hand IV, 364 und Weissenb. z. d. St. fälschlich angenommen.) P. 18. 22. 29. 73. 84. *inde est quod* VII, 5, 1. P. 15. Eigentümlich ist die Sprechweise *jam inde antiquitus* P. 82.

interim pleonastisch: *quid illo legente interim faciam* IX, 34, 2.

inusitato P. 5. wenn auch ἅπ. εἰρ., doch als Adv. (gegenüber den Emend. *inus. indicio* oder *inus. omine*) durch die Hss. gesichert und durch das parallele *statim* einleuchtend.

ita bei Adjectiven. inveni *ita erectos* animos senatus, *ita recentes*, ut ... viderentur IV, 9, 12. — Eine Objectsbestimmung involvirend: *ita* officii necessitate *exigente* X, 67, 1. Hand III, 484. 9. — *ita si* III, 3, 2. 13, 5. P. 68. 69. 72. — *ita quod* insofern als IV, 21. 2. (Aehnlich Cic. Verr. 1, 46, 119.)

jam = nunc, doch so, dass die Gegenwart der Vergangenheit gegenübergestellt und angedeutet wird, wie es dieser gegenüber jetzt anders geworden sei II, 11, 12. cf. Hand III, 127. ferner I, 6, 2. ibid. 144. Fortschreitend und zugleich steigernd II, 1, 12. In der Erwiderung das von der andern Seite Gesagte zugebend, aber eine Einwendung anknüpfend wie unser nun — VII, 17, 6. — *ut jam* wenn schon, wenn auch: *ut jam* maxime eadem ab utrisque dicautur P. 72 extr. So auch Cic. Liv. Curt. Hand III, 140.

mox in der Aufzählung: *deinde — mox — postremo* III, 9, 9. = hierauf, ohne den Begriff der schnellen Aufeinanderfolge. VII, 20, 2. Beides silberne Latinität Hand III, 657 f.

necdum = nondum. *et necdum imperator eras* P. 14. *et necdum de biennio loquor* 56. S. d. T. § 118.

non nisi ungetrennt IV, 8, 6. V, 6, 10. VI, 6, 4. P. 22. 45. 52. 58.

novissime in der Aufzählung = postremo VII, 17, 7. Nach dem Vorgang von Planc. in Cic. Ep. und Sen.

nunc — nunc bei Gegenwärtigem und Vergangenem IX, 28, 3. 33, 2. Dreimal *nunc — postremo — iterum — primum — mox* ibid. 4. *nunc — nunc* 36, 2. P. 13. 23. 34. 43. 48. Hand IV, 342. kennt keine ciceronische Stelle. Zu den von ihm citirten Autoren kommen noch Ov. und Suet. — *nunc* bei dem Praes. hist. mit folgendem *mox* I, 5, 8. *similiter nunc probatum est*, so wurde es auch in dem jetzigen Fall (in dem F., von welchem jetzt die Rede ist) gut aufgenommen VII, 6, 13.

olim seit langer Zeit mit Praes. oder Perf. logicum I, 11, 1 .II, 10, 6. VI, 34, 1. VIII, 9, 1. IX, 1, 4. P. 24. — *olim merebare* du hättest längst verdient 6.

pariter: offensae pariter gratiaeque securi P. 18. So noch Stat. — = simul: *pariter* aegrum, *pariter* decessisse cognovi VIII, 23, 8. cf. Hand IV, 390 f.

parum wenig, nicht: zu wenig: nihil aut certe *parum* intererat inter imperatorem factum et futurum P. 20. Hand IV, 397 will zwar hier wie Sen. Ep. 116, 6: dolebimus, sed *parum*; concupiscemus, sed temperate — noch eine Modification: gar wenig — annehmen; aber gewiss mit Unrecht.

perinde hat Plin. wie die Früheren mit *ac* und *ut*, aber auch nach späterem Gebrauch mit *prout* P. 20. und *quam* VI, 8, 9. cf. Tac. Ann. 2, 1.

plane hat Plin. mehrfach eigentümlich: durchaus, um jeden Preis: est enim *plane* aliquid edendum I, 2, 6. *plane* examina überlege doch ja recht wohl II, 19, 9. allerdings — mit nachfolgendem *sed* III, 20, 7. erst recht: verebar ne *plane* furtum videretur quod confiteri timerem IV, 9, 7. nur so, wie es eben gerade kam, anschliessend an die von Hand IV, 470. in den ciceronischen Briefen nachgewiesene Bedeutung ohne weiteres: in via *plane* non nulla leviora statimque delenda extendi IX, 10, 2. jedenfalls: quem *plane*, domine, debes mittere, ut polliceris X, 61, 5. Mit dem gewöhnlichen Gebrauch stimmt überein: *plane* mane I, 5, 8.

proxime jüngst IV, 24, 1. V, 3, 5. IX, 27, 1 und öfter. nächstens IV, 29, 1. V, 7, 4.

saltem. non saltem = ne quidem P. 82. *nec saltem* ibid. *non saltem* auch bei Liv. Quint. Tac. S. d. T. § 24.

sane just: habent *sane* aetatem eorum sie sind just so alt wie die — II, 14, 6.

sic eine Objectsbestimmung involvirend: *sic desiderabat* X, 27. *sic roganti* 59. — *sic si* P. 53.

tum und sodann, wo auch *et* genügte: capita legis, *tum* edictum Augusti litteris subjeci X, 79, 5. — *tum si* V, 8, 13. — *praeter id quod — tum* P. 59.

usque eo donec so lange bis P. 21. *usque illuc* bis zu einem solchen Grad 31.

utcumque allenfalls, gleichviel wie, so gut es eben gieng I, 12, 2. V, 5, 2. VI, 20, 19. S. d. T. § 24.

utinam ohne Verbum, das aus dem Zusammenhang zu ergänzen ist: wollte Gott! I, 2, 6. V, 8, 7. Ganz ciceronisch, s. B. Att. 13, 22, 4.

§ 24. Attributiver Gebrauch von Adverbien und adverbialen Ausdrücken. Adverbia prädicativ.

a. **Attributiv:**

α) Adverbia: si modo tu *fortasse errori nostro* album calculum adjeceris = judicio nostro quod *fortasse* errat *Corte* I, 2, 5. *undique silvae et solitudo* 6, 2. Germaniae *latissime victor* III, 5, 4. (Nachahmung von Virg. Aen. 1, 21: populum *late regem*.) *antea conditorem, nunc conservatorem* imperii P. 1. tibi civium clamor ut *jam principi* occurrit 5. *populus aliquando spectator* 46. erat in senatu *ter consul* 58. cf. 60. 61.

β) Adverbiale Ausdrücke mit und ohne Präposition: *sine honore nomen* I, 23, 1. quorundam *in mensa luxuria* Tafelluxus II, 6, 6. *balineum domi* das im eig. Hause befindl. B. 17, 26. *supra meritum praedicatione* III, 11, 1. hanc *de me fiduciam* IV, 17, 10. *per adoptionem pater* V, 8, 5. ille *ex Hispania amicus* VI, 20, 10. (cf. *Largus ex Ponto* X, 75, 1.) quam pari *libra gravitas comitasque* welche gleich abgewogene Gemessenheit und Freundlichkeit IX, 9, 2. *antiquum illud* [signum] e *ligno* 39, 4. *pro re publica vulnera* die für das Vaterland erhaltenen Wunden P. 15. *egressus in publicum* 26. hanc *ante vos principes* arcem diesen Palast, der vor eurer Regierung eine Festung war 47. sunt *quaedam ad consulatum pertinentia, ante consulatum* tamen: wo quaedam a. c. einen Begriff bildet 63. nullus *ex principe metus* 93. cf. **Kühnast** p. 52—56. H. S. § 79; wo übrigens von **Dräger** die durch Casus und Präpositionen ausgedrückten adverbialen Bestimmungen mit Unrecht ausgeschlossen sind.

b. **Prädicativ:** *abunde* IV, 30, 11. V, 8, 7. VII. 2, 3. *contra* VIII, 7, 1.

Zusatz 1. Substantivisch ist das den substantivirten Participia neutra coordinirte Adverbium: non posse perinde *carptim* ut contexta, perinde inchoata placere ut effecta VIII, 4, 7.

2. Das Adverbium statt eines Adject. neutr. mit esse zum Ausdruck eines Urtheils in Beziehung auf einen ganzen Satz (schon bei Cic. Liv. s. Madv. § 398. Anm. 4.) hat auch Plin. z. B. *melius* omnibus quam singulis creditur P. 62. *optime* magistratus ... petitur 70. boni *speciosius* amantur — 90.

3. Ungewöhnliche Stellung des Adv.: *plane a* casto puroque corpore st. a plane c. IV, 11, 9. cf. Liv. 8, 13. 4: *admodum a* paucis populis Kühnast p. 316. Im Deutschen: das ist gar ein schöner Tag. Schweizerisch: sehr ein schönes Kind.

VII. Negationen und Fragwörter.

§ 25. Negationen. *haud* kommt bei Plin. nicht vor. Gossrau § 474 bemerkt, dass Livius lieber *nescio an* schreibt als *haud scio an* wie Cic. Nach Hand III, 18. steht es bei Caes. nur in der Verbindung *haud scio an*. Den Gebrauch des Hor., der es in den Oden nicht hat, und des Lucr. s. Kühnast p. 351.

non beim imperativischen Conjunctiv: III, 19, 9. Ebenso *nec:* II, 2, 3. VIII, 24, 6. ferner beim Conj. concess. und nach *dum* = dum modo § 46, b. *nec non* ungetrennt IX, 33, 7. Vgl. Hand IV, 111 f. Weiteres über *nec* s. § 27. Incorrecte Stellung des *non:* neque enim satis amarit bonos principes qui malos *satis non oderit* P. 53.

§ 26. Fragewörter.

a. Directe Fragen.

α) Einfache. *ecquid* eine einfache dir. Satzfrage einleitend: *ecquid* commode vales? III, 20, 11. *ecquid* omnia in tua (sc. domo) recte? VI, 2, 10. — *quid, si* — prägnant: *quid, si* me ipsum sc. mihi commendasses? Warum nicht gar mich selbst? |VI, 9, 1. Aehnlich Hor. Ep. 1, 16, 8 f.: *quid, si* rubicunda benigni corna vepres et pruna ferant? Was wirst du erst sagen, wenn —. Anders Gwein ap. Cic. Fam. 6, 7, 4: *quid, si* hoc muto? — Ohne Fragwort: *scis, me hodie primum vidisse saltantem libertum?* VII, 24, 6. *vis tu remittere aliquid ex rugis?* Du willst doch wohl —? IX, 17, 2. *vides hunc?* 23, 4. *vides, quam necessarium fuerit consulatum te non recusare?* P. 64. Keil bezeichnet diesen Satz nicht als Frage; aber eine solche passt durchaus zu dem affectvollen Charakter der ganzen Stelle. Die drei letzten Stellen haben entschieden bejahenden Sinn. Darnach dürfte die gewöhnliche Erklärung solcher Fragen z. B. bei Madvig § 450. Gossrau § 419. Anm. 7. zu modificiren sein. Mit vorausgeschicktem *quid?* VIII, 14, 19. Hypothetischen Sinn hat die Frage: *vis illud tribunal aliquando majestati suae reddere?* ascende P. 60. S. Schultz § 344. Anm. 7.

β) Doppelfragen. *utrumne — an* VIII, 14, 17. Mit Weglassung des Fragworts im ersten Glied mehrfach z. B. IX, 23, 2. P. 56. 58. 71. Mehrfach hat Plin. das schon den Klassikern der goldenen Zeit eigene *an* zur Einleitung der folgernden Frage, welche eine unzulässige Alternative stellt und dadurch das vorher Gesagte bekräftigt (Klotz) III, 7, 11. IV, 17, 2. V, 3, 5. 7, 3. VI, 2, 6. IX, 23, 5. 29, 2. P. 5. 7. 12. 25. 41. 44. 47. 53. 58. 62. 63. 69. 72. 82. 83. — *an* etwa? mit Beziehung auf eine vorausgehende Frage: *quid* plura de viro ...? *an* ut magis angar? I, 10, 9. So schon Cic.

b. Indirecte Fragen.

α) einfache. Durch *ecquid* eingeleitet VI, 4, 2. 16, 17. — Doch ist bei Plin. *an* das gewöhnliche Fragwort der indirecten Frage bei bejahendem und verneinendem wie bei unentschiedenem Sinne derselben, nach *nuntiare* I, 13, 2. *dispicere* I, 18, 5. X, 17 b. 33, 3. 49, 2. 77, 2. 112, 3. (Dagegen *dispice ne* = vide ne II, 10, 5.) *consulere* I, 23, 1. *non liquet* II, 2, 1. *judicare* 5, 11. *interrogare* 6, 3. III, 9, 36. P. 64. *exam nare* 19, 9. III, 5, 1. *inspicere* 20, 11. *experiri* III, 14, 2. VI, 1, 2. P. 59. *quaerere* III, 19, 8. IX, 27, 5. *scire* IV, 5, 3. *interest* V, 1, 13. *in obscuro est* VIII, 14, 11. *scribere* X, 116, 1. Und so noch an mehr Stellen (auch in Briefen Trajans nach *cognoscere* X, 30, 1. *exprimere* 71. *aestimare* 73.), gegen welche einzelne Ausnahmen von dieser nachklassischen Sprechweise z. B. *quaerere num* X, 48, 2. *dispice numquid* 54, 2. *interrogemus, viderintne* P. 73. und die obigen Stellen mit *ecquid* nicht in Betracht kommen. — Besonders aufmerken sind die Stellen, wo *nescio an* — *dubito an* nicht wie in der klassischen Latinität eine gemilderte Behauptung enthält, sondern zum Ausdruck wirklichen Nichtwissens dient: *nescio an* I, 14, 9. II, 2, 1. 12, 1. IV, 15, 6. VI, 21, 3. VII, 12, 2. VIII, 14, 24. IX, 14. *fuisset dubitandum an* II, 4, 1. *dubitabatur an* III, 9, 17. *dubito an* VI, 27, 5. (in demselben Sinn wie *dubito num* § 1.) IX, 2, 5. So sehr vergisst Plinius den klassischen Sprachgebrauch, dass ihm *nescio an* als gemilderte Verneinung dient: *nescio an ullum jucundius tempus exegerim* III, 1, 1. *nescio an malum putet* IV, 2, 1. *nescio an aliquid simile visuris* VII, 19, 4. Und dennoch kommt bei ihm dieselbe Formel auch wieder im älteren bejahenden Sinne vor: *nescio an innocens* ohne Zweifel unschuldig: IV, 11, 8. P. 45. So auch *addubitem an* X, 118, 1. Der Form nach zweifelnd, aber doch mit Hinneigung zur Bejahung ist *nescio an* I, 15, 3. — Ueber den nachklassischen Gebrauch des *an* bei Liv. s. Weissenb. ad 31, 48, 6. Hildebrand, Specim. Lex. Liv. Dortm. 1868 (Progr.) p. 27. bei Curt. Vogel § 39, d. bei Tac. S. d. T. § 153. 1. —

miseratio [me] *subit, quantum vigiliarum exhauserit frustra* V, 5, 7. ist ein Gräcismus, zu erklären nach Krüger, Gr. Spr. 51, 13, 17. Ebenso: *vereor quam in partem juris consulti accipiant* VII, 1, 3. wie Cic. Att. 7, 7, 3: *vereor quid sit.*

β) Doppelfragen. Auch der indirecten Doppelfrage fehlt das Fragwort im ersten Glied, und zwar in der Mehrzahl der Fälle.

Aus den wohl am einfachsten parenthetisch zu fassenden Fragen wie: *nubes — incertum ex quo monte — oriebatur* VI, 16, 5. *referebatur de libertis Afrani — incertum sua an suorum manu — peremti* VIII, 14, 12. *honestam quietem huic nostrae — ambitioni dicam an dignitati? — praetulit* I, 14, 5. — entwickelt sich mit Ellipse des das Fragwort regierenden Ausdruckes folgende Fragform: *tunc enim casu an conscientia* afuerat II, 11, 24. *lapsine verbo an quia ita sentiebant* V, 4, 2. *septem an octo* VI, 13, 5. S. d. T. a. a. O. *si* als Fragwort der indir. Fr. V, 8, 3. P. 2. beidemal nach *cogitare;* doch vermuthet Keil an letzterer Stelle eine Lücke.

VIII. Coordination.

§ 27. **Particulae copulativae.**

et. Um von Bekanntem, z. B. dem auch bei Plin. häufigen correspondirenden *et — et,* von *et* = und wirklich u. a. zu schweigen, sei hier hauptsächlich das der späteren Latinität Eigene erwähnt. — *et* zur Markirung des Eintritts eines Ereignisses, von Kühnast p. 20. als Gräcismus bezeichnet: *adulescentulus eram, et jam . . . habebatur* IV, 17, 6. *pauci dies, et liber principis severus* sc. publicatus est V, 13, 8. *nondum annos XIV impleverat, et jam . . . erat* 16, 2. *breve tempus a Julio Basso, et detulerunt* 20, 1. *vix consideramus, et nox* sc. fuit VI, 20, 14. *vixdum conticueramus, et Massa postulat* VII, 33, 7. Vgl. Bauermeister, Ueber den Gebrauch der copulativen Partikeln im Lat. Luckau 1853. (Progr.) p. 21 f. — *et* folgernd nach einem Imp. mit hypoth. Sinn s. § 47. — *et* elegant einen gegensätzlichen Gedanken einleitend:

4 *

et necdum imperator . . . eras und doch — P. 14. *et liberum est* 46. *et necdum . . .
loquor* 56. *unus censebat, quod sequerentur omnes et omnes improbarent* 76. Hand
II, 496. 4. Auch Tac. hat *et* und *que* so. S. d. T. §. 113. (Zu den dort angef. Stellen
kommen noch Ann. 2, 70: *moderabaturque*. 3, 12: *et non ulciscar*.) — *et* auch: *erit enim
et post emendationem liborum nobis publicare* I, 8, 3. *et hoc scio* 12, 11. *et ex ipsa medio-
critate libri* II, 5, 4. *angor non et mihi licere* 8, 2. *fuit et in consulatu* sc. collega V, 14, 5.
gratulatus et fratri 17, 5. *utitur et cithara perite* 19, 3. *potest et mihi liquere* VII, 6, 5.
possunt et erigi X, 37, 2. *et per tormenta* selbst mittelst der Folter 96, 8. *quamdiu imperator
et alius esset* P. 10. *et alii non receperunt* 54. *tu* [consulatum] *et dum accipis meruisti*
64. *nam et hi a principibus suis exigent* 73. *et ante nos gratos fuisse* ibid. *discant
et principes* ibid. *ut illud et ab aliis exigat* 77. *et dum recusant* selbst wenn sie sie
ablehnen 84. *signum et hoc esset* 90. In Verbindung mit Particulae adversativae, disjunctivae und elativae: *sed tamen et tibi* I, 15, 3. *verum et alii* III, 5, 5. *sed tamen
et* VI, 2, 2. *immo et* VII, 31, 7. *non tantum — verum et* X, 4, 6. *sed non et*
P. 4. *vel et* 40. futuros principes, *sed et* posteros nostros 73. *tamen et* 76. Mit *si*
und *nisi*: reddam *et si non* reposces II, 9, 6. *si illis et non uti licet* wenn man sie
auch unbenützt lassen kann P. 36. *nisi* aliquando *et non* recusaveris 59. *nisi et* con-
voces 60. — Ueber den livianischen Sprachgebrauch mit Berücksichtigung des früheren
s. Kühnast 371 f., über Curtius s. Vogel § 46, d., über Tacitus s. Wölfflin
Philolog. XXV, 109, 125. —

que — *que* correspondirend am Relativum VIII, 6, 14. IX, 13, 1. Vgl. Kühnast p. 371.

atque und überhaupt: *atque in omne ludibrium . . . frangerentur* P. 54. Schon
Cic. Hand I, 464. — und zwar: *fuit tempus, ac nimium diu fuit* 72. *atque ita* ibid.
und 77. Ebenfalls ciceronisch. a. a. O. 467. 10.

etiam. Das einfach anfügende — nicht steigernde (dieses bedarf keiner beson-
deren Erwähnung) — *etiam*, für welches Hand II, 551. 9. nur Stellen aus Varro,
Cic., Cels., Hor., Tac. und Flor. gibt, ist bei Plin. verhältnissmässig häufig und
schliesst sich zum Theil an ein zwei- oder mehrgliedriges Asyndeton an: I, 22, 7.
9. 12. II, 1, 6. 3, 9. 10, 7. III, 6, 2. V, 14, 8. 17, 2. 19, 3. 8. VI, 6, 9. 25, 5.
VII, 24, 8. VIII, 24, 2. IX, 21, 1. X, 96, 9. P. 50. 59. — *etiam* = ja IV, 13, 3.
= allerdings II, 3, 9. V, 3, 7. VI, 2, 8. 28, 3. VII, 17, 5. Ueber diesen Gebrauch bei Cicero, besonders auch in den Briefen s. Hand II, 567 f. — Ueber die
Vorliebe des Plin. für das nachdrücklichere *verum etiam* s. Reisig Anm. 426. —
etiam fehlt nach *non tantum, non modo sed* — P. 63. 71. Den ciceronischen Sprachgebrauch erläutert gut Kühner, Schulgr. § 135. Anm. 14. Spätere, namentlich Tac.,
lassen *etiam* ohne inneren Grund, lediglich der Kürze zu liebe weg. Vgl. Wölfflin
Philol. XXV, 125. Eine livianische Stelle dieser Art ist z. B. 1, 4, 9.

quoque gegen den sonstigen Gebrauch steigernd: *sum et ipse in edendo haesitator,
tu tamen meam quoque cunctationem tarditatemque vicisti* V, 10, 2. ungewöhnlich: *ne
desit quoque pecunia* X, 98, 2. (Das steigernde *quoque* hat auch Curt. S. Vogel
§ 46. Anm. 1.)

nec aber auch nicht: *non times bella nec provocas* P. 16. = ne — quidem P. 73. (Auch bei Curt. Vogel § 46, f.). — folgernd = und so nicht: *nec deerunt* P. 27. Hand IV, 103. 11.

atque etiam stets ungetrennt, ausser bei *ac paene etiam*, als bequemes Mittel einen weiteren Begriff oder Gedanken mit oder ohne Steigerung anzureihen von Plin. an mehr als 50 Stellen verwendet. (Das von Hand II, 576 f. bei Enn. Plaut. Ter. Catull. Cic. Sall. Liv. und Hor. nachgewiesene *etiam atque etiam* — Klotz gibt ausserdem eine Stelle aus Lucr.: — hat auch Plin. einigemal.)

et quoque VII, 4, 9. P. 58. Vgl. S. d. T. § 121. (Bei Tac. auch Agr. 24.)
ac quoque I, 13, 2. Vgl. Hand I, 507 f.

§ 28. **Particulae relativae et affirmativae.**

adeo zur Anknüpfung einer allgemeineren Reflexion, durch welche oft über das Vorhergehende ein näherer Aufschluss ertheilt wird (Klotz), von Hand I, 150 ff. ausführlich behandelt und bei Liv. häufig (Kühnast p. 349.), kommt auch bei Plin. vor: VII, 30, 3. VIII, 9, 1. P. 72. 76.

atque adeo allen Zeitaltern der Latinität gemein, von Plin. in mehrfacher Nuancirung verwendet: und gerade I, 18, 4. und wirklich IV, 1, 2. V, 3, 10. VI, 21, 2. VII, 9, 10. und auch, und sogar IV, 13, 5. P. 8. ja VII, 6, 7. nun sogar (Hand) P. 27. nun — (statt der weiteren Besprechung eines Gedichts wird dieses selbst zur Beurtheilung vorgelegt) IV, 27, 3. *atque adeo accipe* so lass dir denn schildern V, 6, 3. *atque adeo permitte mihi* und so erlaube mir denn VIII, 14, 16.

— *que adeo: idque adeo sic habe* „höre, warum" Uebergang zu einer Begründung des bisherigen VII, 17, 8.

immo als Partikel der correctio an 25 Stellen.

quim immo. Darüber bemerkt Hand III. 233: q. i. conjungebant Latini eo tempore, quo luxuries coacervatis verbis similibus delectari coeperat. Cic. hat es nie, Quint. öfters, Plin.: I, 8, 4. II, 11, 11. III, 16, 4. IV, 9, 18. VII, 23, 1. P. 69.

§ 29. **Particulae disjunctivae.**

aut zur Einleitung eines neuen Satzes = oder, wenn dem nicht so ist — I, 10, 3. VII, 13, 2. Vgl. Hand I, 539 f.
aut etiam III, 20, 6. VI, 16, 6. VIII, 14, 11. Hand II, 556 f.
vel etiam I, 16, 4. II, 10, 8. VI, 4, 5. Hand ibid.

§ 30. **Particulae adversativae.**

at certe in Beziehung auf ein vorhergehendes *si non* II, 3, 8. Hand I, 426 ff.
at enim als Formel der occupatio VIII, 14, 21. IX, 26, 8. Hand I, 446.
vero. Zu beachten ist die eigentümliche Verbindung *quare ego vero* III, 8, 4. IV, 17, 11. P. 53.
tamen im Relativsatz an mehreren Stellen. In beschränkendem Sinn ganz wie *quidem* steht es nach einem Relativum: *quantum tamen epistula consequi potero* II, 18, 3.

Mit starker Breviloquenz: *quas omnis improbe accepi tamen* == quas omnis improbe *quidem* accepi, *sed accepi tamen* VI, 28, 1.

et tamen. Schon bei Cic. Fam. 9, 2, 3. Ausserdem bei *et — et* im zweiten Glied Cic. Quint. Hand II, 530. 533. Vgl. Reisig p. 448 f. Plin. gebraucht *et tamen* auch zu frappanter Gegenüberstellung einzelner Begriffe: *illa mollis et tamen solida gestatio* jene Promenade mit ihrem elastischen und doch festen Boden I, 3, 1. Ferner theils Begriffe theils Sätze gegenüberstellend II, 9, 5. III, 9, 27, IV, 7, 4. 25, 5. V, 13, 8. 16, 2. VII, 4, 10. 24, 3. P. 31. 75.

quidem bei einem untergeordneten Satzglied das beim verb. fin. stehende *tamen* ankündigend: *quod victorem quidem populum pasceret tamen* P. 31. — Im zweiten Glied des Gegensatzes, wo man *autem* erwartet: *ceteri quidem.* P. 76. cf. Reisig p. 454. Nägelsbach, Stilistik 4. Aufl. pag. 543. Halm zu Cic. RAm. § 31.

§ 31. **Particulae causales et explicativae.**

enim zur Begründung eines nicht ausgesprochenen, sondern zu supplirenden Gedankens VII, 3, 1. P. 70. Vgl. Reisig p. 461.

nempe enim III, 16, 8. P. 62. (Bei Tac. nur Dial. 35. S. d. T. § 132.)

quippe ganz == *enim* in der noch nicht bei Cic., wohl aber schon bei Sall. Cat. 11. 13. 19. 52. u. s. w. und Liv. vorkommenden und von Curtius nachgeahmten Weise öfters. cf. Vogel § 22. Auch nachgestellt z. B. P. 1. 10. 13. wie bei Curt. Ebd. §. 51.

porro zur Einführung eines Beweisgrundes I, 8, 10. 24, 4. Hier heisst es vorher, dass Suetonius Tranquillus ein kleines Gütchen in der Nähe der Stadt mehr zum Vergnügen als zum Nutzen wünsche; dann weiter: *scholasticis porro dominis sufficit abunde tantum soli, ut relevare caput possint* gelehrte Herren brauchen ja nur so viel Böden, dass sie ihren Kopf erleichtern können u. s. w. — nun aber P. 5. — *hoc opus multas manus poscit; at eae porro non desunt* aber an solchen fehlt es auch gar nicht X, 41, 2. Mehr gewöhnlich II, 19, 5. P. 18. 55. 84.

et quidem, explicativ, oft, ganz mit dem ciceronischen Sprachgebrauch (Reisig Anm. 429.) übereinstimmend. — Dafür auch das einfache *quidem* I, 5, 3. II, 1, 9. 11, 23. III, 5, 17. 9, 13. IV, 11, 13. VII, 6, 9. 7, 1. 11, 4. VIII, 6, 10. 15. IX, 13, 19. 28, 5. P. 71. Hieher gehört auch: *cum quidem incredibilis cruciatus pateretur* und zwar während er . . . auszustehen hatte I, 12, 6.

§ 32. **Particulae consecutivae.**

et ideo VIII, 3, 2. P. 45. *ideoque* VIII, 17, 3. IX, 13, 15. Ueber beides vgl. Hand III, 181 f.

atque ita VIII, 17, 2. X, 61, 1. 74, 1. vgl. Hand I, 500. Er gibt Beispiele aus Cels. Phaedr. Suet.

proinde folgernd ohne den Begriff der Aufforderung P. 74.

ergo. Anzumerken ist die ungewöhnliche Stellung: *accipimus obsides ergo, non emimus* P. 12.

IX. Subordination.

§ 33. Substantivsätze.

Näheres über den Subjectsinfinitiv s. § 48 v.

ut und *ne* nach unpersönlichen Ausdrücken. *facilius est ut* VIII, 6, 17. P. 44. 87. *difficile est ut* IV, 15, 7. VII, 17, 6. (difficile est tenere VIII, 14, 3.) *quid senatui pulchrius quam ut* — VIII, 6, 6. *rarum ac prope insolitum est ut* P. 60. *parum est ut* ibid. *concurrit ut* damit trifft zusammen dass — IV, 15, 6. *quem ad modum congruit ut* wie reimt sich das, dass — VII, 2, 1. *prope est ut exclamem* P. 6. *superest ut* I, 1, 2. 21, 2. III, 19, 7. VI, 26, 3. X, 41, 3. 112, 3. P. 30. *ne* VII, 10, 3. IX, 33, 11. (cf. reliquum est *ne* Cic. Fam. 9, 16, 5.) *opus est ne* VII, 6, 3.

ut, wo man *quod* erwartet: *non nullus et in illo labor, ut barbara nomina Graecis versibus non resultent* VIII, 4, 3.

quod. Neben der gewöhnlichen Ausdrucksweise: *bene fecit Regulus, quod* — VI, 2, 4. u. ä. finden sich auch minder gewöhnliche Wendungen mit Beifügung des Demonstrativums *hoc*: *facit hoc frequenter, quod* — II, 20, 6. *fecit hoc quoque impudentissime, quod* — IV, 9, 14; neben *addiderunt Baetici quod* — III, 9, 6. *addidit ut* VI, 22, 2. — *inde est quod* s. § 23. *praeter id quod* V, 8, 13. *excepto quod* VIII, 1, 1. — T r a j a n sagt: *neque enim multum interest, quod* — X, 30, 2. cf. S. d. T. § 141. — *quod* dadurch, darin, damit dass, indem: *tibi obsequimur, quod . . . convenimus* P. 54. Sonst steht hier *cum*. K ü h n e r § 149, 6.

quod dass nach einem Verbum sentiendi: *adnotatumque experimentis, quod favor et misericordia acres impetus habent* II, 11, 6. neben dem Acc. c. inf. bei demselben Verbum III, 16, 1. P. 56. Anfänge dieser im späteren Latein immer häufiger werdenden Construction bei Plaut. Asin. 1, 1, 37: Equidem *scio* jam, *quod* filius *amet* meus — (Klotz) und Virgil, Aen. IX, 288 f.: Nox et tua *testis* dextera, *quod nequeam* lacrimas perferre parentis. cf. S. d. T. § 141. — Auffallend ist der Conjunctiv nach *quod: et hoc quoque redditae libertatis indicium fuit, quod consul alius quam Caesar esset* P. 58. In *indicium* ist der Gedanke einer subjectiven Wahrnehmung hineingelegt.

Nach *non dubitare* nicht zweifeln hat Plin. nur P. 14 *quin*, sonst den Acc. c. inf. Auch bei Liv. ist letzteres häufiger. K ü h n a s t p. 249. Ueber den Sprachgebrauch des Curt. u. a. vgl. V o g e l § 35. Anm.

quo minus nach *non possum mihi temperare* VI, 17, 1. nach *non sustinui inducere in animum* IX, 13, 6. nach *hoc in causa fuit* X, 21.

si statt eines Subjectssatzes nach *mirum est* II, 19, 4. P. 91. *laudabile est* P. 84. *turpe est* VIII, 24, 8. *cujus videbam hanc esse praecipuam laudem, si nihil . . . de cernerem* VI, 27, 2. *hanc esse beneficiorum principalium summam, si illis et non ut i licet* P. 36. *superbum istud et regium, nisi adoptes* = non adoptare cet. P. 7. cf. K ü h n a s t p. 244. med.

§ 34. Temporalsätze.

cum mit dem Ind. Perf. in der Erzählung: *composuisse me quaedam de filio vestro non dixi vobis, cum proxime apud vos fui* III, 10, 1. *cum proxime istic fui, indicavit mihi* VII, 11, 5. wo man beidemal *essem* erwartet. (Anders *magnam cepi voluptatem cum cognovi* IV, 23, 1: nach Kühner § 149, 6. zu erkl.) — Dagegen nach *tum* und *tunc* c. Conj., (was übrigens schon Cic. hat) III, 11, 5. X, 118, 3. — Das den Eintritt des entscheidenden Ereignisses markirende *cum* fehlt: *lavabatur in villa Formiana: repente eum servi circumsistunt* III, 14, 2. *vix ille discesserat, rursus alter —* IX, 13, 11. Auch bei Virg. Ov. Tac. cf. Gossrau § 417.

cum interim c. Ind. III, 7, 11. 16, 13. VIII, 14, 13. *cum interea* c. Ind. P. 4. c. Conj. P. 76. keine blosse Gleichzeitigkeit, sondern logische Gegenüberstellung ausdrückend. Rein temporal Cic. Pis. 38. §. 92 f.: [Piso] *maris oras petivit, cum interim Dyrrhachii milites domum obsidere coeperunt.* — Hand III, 423 f. gibt Stellen aus Sall. und Liv. Bei Tac. findet es sich so Agr. 25.

etiam cum c. Ind. mit der zeitlichen Beziehung die concessive verbindend I, 8, 6. Auch bei Sen. und Quint. Hand II, 569. 6. — c. Conj.: *persuaderi tibi, etiam cum persuaserit, cupias* I, 10, 7.

postquam c. Imperf. P. 7. c. Plusqpf. VI, 13, 3. Mit dem reinen Präsens: V, 14, 2. VI, 1, 1. P. 13. 41. 49. Hier heist es *seitdem* wie Cic. Att. 2, 11. Fin. 5, 1, 2. wenn I, 9, 4. da VII, 22, 1.

ubi c. Praes. IX, 36, 3.

ut c. Plusq.: *statimque ut viderat abisse* II, 3, 8.

utcumque sobald nur irgend II, 11, 14. Nachahmung des Hor., der nach Klotz fast der einzige ist, der dieses Wort temporal gebraucht, und zwar an 4 Stellen der Oden.

dum wie unser „indem“ in die causale Bedeutung übergehend: *dum putas* V, 6, 1. cf. Hand II, 309 f. S. d. T. § 168.

quam = postquam: *intra undecim dies quam induxerat* VI, 33, 2. anschliessend an Stellen wie Liv. 21, 15, 3: *octavo mense quam coeptum oppugnari captum Saguntum.*

quod in Verbindung mit einer Zeitbestimmung: *tertius dies est, quod* IV, 27, 1. Auch Plaut. und Ter.

§ 35. Vergleichungssätze.

ut oder *sicut — ita, ita — ut, ut — sic, ut — sic etiam, sic — ut* nicht bloss zur Bezeichnung einer Gleichstellung, sondern auch einer Beschränkung und eines Gegensatzes häufig. cf. S. d. T. § 173. Sehr kurz: *diversasque coeli partes ut prospectus habet* = diversas coeli partes aeque ac diversos prospectus habet V, 6, 27. Ganz verschwunden ist das Subordinationsverhältniss von *ut*: *erat aequum, ut te mea ita me tua scripta cognoscere* IX, 28, 3.

ut qui c. Superlat: *amat ut qui verissime* und ähnlich noch dreimal IX, 22, 2. Den ciceronischen Sprachgebrauch s. Madv. § 310. Anm. 4. Tac. Germ. 10: *auspicia sortesque ut qui maxime observant.*

ut bezeichnet den wirklichen Thatbestand, nicht blosse Vergleichung: {nomen} *agnoscetur ut tuum.* P. 88. Diese Bedeutung geht über in die begründende: *post ceteras appellationes haec est addita ut major* ibid. So noch an einer Reihe von Stellen bald objectiv begründend, dem griech. ἅτε, bald subjectiv dem griech. ὡς entsprechend. Das erstere z. B. VII, 11, 3. 18, 1. 21, 4. Das letztere VII, 6, 12. IX, 26, 5 u. a. Auch zur Einführung eines nicht wirklichen Grundes: VII, 32, 2. VIII, 16, 1. 2. IX, 13, 3. 37, 5. P. 5. Beschränkenden Sinn hat *ut*; [orationem] *ut inter meas pulchram* VI, 33, 1. vgl. ebd. § 11. *ut si* = quasi P. 20. 23. 35. 41. 52. 71. *ita ut si* 76.

quasi bei einer nicht blos fingirten sondern thatsächlichen Aehnlichkeit I, 16, 5. *sic quasi* VIII, 6, 14. Das letztere auch bei Tac. S. d. T. § 173. Beides übrigens schon bei Cic. — Ist die LA. *varias sententias habuit, plures tamen quasi mitiores* IV, 9, 2. richtig, so kann der Sinn nur sein: er hatte die Mehrzahl als freisprechende, die M. fiel freisprechend für ihn aus.

quasi vero IX, 26, 8. P. 28. 75.

Unvollständige Vergleichungssätze VIII, 4, 8. P. 73. Beidemal fehlt zu *quanto* das entsprechende *tanto.* Viel weiter geht in dieser Verkürzung Tac. S. d. T. § 181.

§ 36. Folge- und Absichtssätze.

ut dadurch dass: *haec beneficia mea tueri nullo modo melius quam ut augeam possum* II, 13, 9.

non ut ohne dass: *copiam tui non ut imputes facis* P. 24.

nisi ut ohne dass: *neque enim jam inchoari poterat actio, nisi ut noctis interventu scinderetur* II, 11, 16. P. 88.

Nachstellung des *ut* consecutivum: *non se ut privatis, sed ut privatos sibi pares faceret* P. 60. Vgl. Reisig § 318 fin.

hactenus ut wie sonst das beschränkende *ita ut* II, 14, 9.

Das finale *ut* prägnant: *sua cuique ratio recitandi, mihi ut admonear* VII, 17, 1. *cum mihi consulendi causa fuerit ut dubitare desinerem* 27, 16. *hanc tibi causam fuisse ut amplecteretur* P. 61. Das Gemeinsame dieser Stellen ist, dass sich der bestimmende Grund durch *ut* als Absicht gestaltet. Eine andere Prägnanz liegt in *exspecto ut* IX, 26, 13. *praestitisti ut transferres* du gewährtest mir den Wunsch zu versetzen X, 51, 1. Vgl. über dieses *ut* Reisig Anm. 483 sub fin.

ne nach *dandum est: dandum etiam nobis amicis ne spes nostras desereret* I, 22, 9. nach *se obstringere* X, 96, 7. *haereo ne ratio habeatur* ich habe Bedenken dagegen, dass Rücks. genommen w. X, 118, 3.

Beabsichtigte Folge: *hoc maximum praestitisti ne* — P. 26. *hanc adstruis laudem ne* — 46. *pudori condidatorum ita consuluisti ne* — 69. *consecutus es ne* — 86. Beabsichtigte Folge im Plusq.: *effecisti ne malos principes habuissemus* P. 40. cf. Tac. Agr. 6 extr.

Finalsätze vom Präsens abhängig im Perf.: *utque tibi nihil abstulerit reverentia mei, offero* damit . . . für dich kein Schaden gewesen sein möge V, 1, 10. *nec paciscimur, ut vicerimus* P. 12. *non ideo velle coss. fieri, ut fuerint* 59. Finalsätze im Plusquamperfectum: *provisum ne quis aeger, ne quis occupatus, ne quis denique longe fuisset* = ne quis cum damno suo sentiret se fuisse P. 25. *nec tibi bene faciendi fuit causa ut quae male feceras impune fecisses* nicht das war das Motiv deines Wohlthuns von der öffentlichen Stimme für begangene Schlechtigkeiten Indemnität zu erhalten 28.

ut weggelassen nach *rogo, oro, peto, postulo, hortor, moneo, censeo, jubeo, opto, curo.* Diese schon bei früheren Autoren. cf. Schultz § 398. 5. und Gossrau § 397. Anm. 1. § 420. Bei Plin. fehlt nach *rogo* unter 30 verglichenen Stellen *ut* zwanzigmal. Die Stelle für *jubere* ohne *ut* lautet: *orare hortari jubere quoque modo fugerem* VI, 20, 12. Ausserdem fehlt *ut* nach *pacisci* III, 12, 1. (mit *ut* VI, 23, 2.) *obsecrare* IV, 9, 12. *praemonere* 11, 11. *cupere* V, 14, 9. *incitare* 17, 4. *exigere* VI, 8, 5. *praecipere* VII, 24, 5. *exhortari* P. 69. (*volo* adleget P. 70.)

§ 37. **Causalsätze.**

non quia hat Plin. regelmässig mit dem Conj. V, 8, 1. Ebenso *non quia non* I, 20, 22. III, 19, 7. während Liv. sich öfters den Indicativ erlaubt. Kühnast 240. Vgl. auch S. d. T. § 188.

quatenus in Betracht dass, weil doch I, 7, 5. III, 7, 14. S. d. T. Ebd.

siquidem sofern ja, da ja P. 5. 30. 77.

Ueber das causale *dum* s. § 34. über das begründende *ut* § 35.

§ 38. **Bedingungssätze.**

si für den Fall dass: *mihi, si venire una vellem, facit copiam* VI, 16, 7. *ego quidem, si omnium utilitas posceret,* . . . *armavi* P. 67. cf. S. d. T. § 193. — *si, si non* concessiv mit oder ohne folgendes *tamen*: *ut, si manus vacuas, plenas tamen ceras reportarem* für den Fall dass, wenn auch — doch wenigstens I, 6, 1. *nomen ipsum, si flagitiis careat, an flagitia . . . puniantur* X, 96, 2. *quae causa si studium meum non incitaret, adjutum tamen cuperem juvenem* II, 9, 3. *nihil est quod non arte si non potest vinci mitigetur* VIII, 4, 4. — *si non — at* P. 32. *si quoque* I, 8, 6. — *si* in der indirecten Frage s. § 26. statt eines Subjectssatzes § 33. — *si* fehlt: *dedisses huic animo par corpus, fecisset* — I, 12, 8. *anulum seu quid aliud ponis in sicco, adluitur sensim* IV, 30, 4. Hieher gehört offenbar auch die noch von Keil mit Fragezeichen geschriebene Stelle: *numeres rei publicae summam, verendum est ne dilabatur; des agros, ut publici neglegentur* VII, 18, 1. Vgl. Reisig p. 525. Gossrau § 411.

si modo wenn nur, wenn anders regelmässig c. Ind., wenn nicht die or. obl. den Conj. fordert I, 2, 3. 5. 20, 5. 10. 24, 3. II, 5, 9. 20, 14. III, 1, 1. 15, 3. V, 8, 5. P. 37. 38.

dum modo ohne Verbum: *dum modo non minus longa epistula nuntia* IV, 11, 16. *modo* = dum modo: *sit modo* VIII, 15, 3. *dum* = d. m. c. Ind.: *nec recuso luere poenas, dum ulciscor* IX, 13, 12. 2 Hss. *ulciscar.*

nisi wo man si non erwartet: *ego te constantius amo, quam ut verear ne aliter ac velim accipias, nisi te Kalendis statim consulem videro* IX, 37, 1, cf. Hand IV, 230. d. 1. So auch in der § 33. fin, citirten Stelle aus P. 7. — Ganz singulär ist *nisi* an folgender Stelle: *raro nisi in pejus effingunt* V, 15, 1.

si tamen II, 1, 10. III, 1, 4. 6, 6. V, 4, 4. VII, 17, 3. 31, 1. *si tamen ... traherentur, esset ratio non nulla*: *nunc* — es hätte noch einigen Sinn, wenn sie sich ... ergetzten; so aber — IX, 6, 2. 25, 3. *et ipse laudo, si tamen non in hos solos* sc. liberalis est, jedoch nur, wenn er seine Freigebigkeit nicht auf diese beschränkt 30, 1. 34, 1. P. 20. 86.

nisi tamen I, 2, 6. 9, 5. IX, 39, 5. P. 98.

nisi quod II, 1, 4. *et fecisset, nisi quod jucundius est desiderare principem desiderantem* d. h. wenn er es nicht aus dem Grund unterlassen hätte, weil es angenehmer ist — P. 86.

nisi quod tamen VI, 21, 6. VIII, 17, 6. P. 7. 91.

nisi ut s. § 36.

nisi vero II, 3, 10. VII, 17, 2. P. 25.

non nisi s. § 23.

Indicativus Plusquamperfecti in der Thesis eines irrealen Bedingungssatzes: *temere fecerat Nerva, si adoptasset alium* P. 8. cf. Gossrau § 408.

Impf. st. Plusq. Conj. in einem hypoth. Relativsatz: *jugulassem reum, quem ita deliquisse concederem* IV, 9, 8. cf. Madv. § 347. b. Anm. 2.

Quodsi bei Plin. nicht häufig. Das Gleiche ist schon bei Liv. der Fall. Kühnast p. 374.

§ 39. Concessivsätze.

quamquam mit Verbum finitum subordinirend hat den Conj. an 10 Stellen neben einigen Stellen c. Ind. *quamquam* ohne Verbum finitum subordinirend, theils mit Participium, sowohl conjunctum als absolutum, theils mit participialen Substantivis und Adjectivis, mit Adverbien und Adverbialien: *quamquam habentem* I, 12, 3. *q. longinqua adspergine maris* II, 17, 14. *q. in his difficultatibus* 19, 7. *me q. tirunculum* III, 6, 4. *et quidem sero, sed, q. praepostere, reddetur* 9, 28. *alia q. propemodum para* IV, 8, 2. *q. adulescentulus adhuc* 15, 10. *cui q. legitimae postulationi* V, 13, 6. *q. levium exesorumque pumicum* VI, 16, 16. *q. distentus* 18, 1. *q. in aperto loco, angusto tamen* 20, 6. *q. in planissimo campo* ibid. § 8. *q. et expertis periculum et expectantibus* §. 20. *q. lippus* VII, 21, 4. *q. parum prospere explorata fecunditas* VIII, 10, 2. *q. exhaustus* 17, 2. *recitaturus q. amicis et paucis* 21, 3. *q. praecipientem quoque* 24, 10. *q. longissimus dies* IX, 36, 4. *q. post magnas remissiones* 37, 2. *q. via interjacente* X, 33, 1. *parietes q. XXII pedes latos* 39, 4. *exemplar q. mendosum* 70, 4. *q. plurimis diebus expectatis* 81, 6. *q. inconsulto te* 120, 2. *q. multum reluctata verecundia* P. 60. Eine Notiz über den tacitischen Gebrauch dieses *quamquam* s. bei Dräger zu Agr. 22.

Das coordinirende, einen selbständigen Gedanken einleitende quamquam (correctivum) findet sich an 21 Stellen. Hier steht der Indicativ, in er. obl. der Infinitiv. *quamvis* mit dem Conj. eines Nebentempus (mit dem Ind. hat es Plin. nicht): *quamvis proposuisses* X, 10, 1. q. *intellegerem* 47, 2.

Mit einem Superlativ: V, 8, 13. VI, 16, 2. 32, 1. IX, 17, 1. X, 51, 2.

Ohne Verbum finitum: *quamvis ex diverso* II, 19, 7. q. *auditu gravioribus* IV, 9, 5. q. *retentum* X, 15.

quam voles I, 20, 25.

quamlibet bei Participiis und Adjectivis: III, 4, 6. 9, 16. 16, 12. V, 6, 14. 8, 4. VII, 17, 8. X, 96, 2. P. 61. 70.

tametsi correctiv wie sonst *quamquam* III, 21, 6. (*etsi* und *etiamsi* bieten nichts Besonderes.)

licet: quae licet putentur I, 10, 6, *licet acriora sint* II, 3, 9. seinem Conj. nachgestellt: VI, 33, 7. VII, 6, 1. P. 7.

X. Tempora.

§ 40. **Praesens.** Bei den zum Theil längeren erzählenden Partien in den Briefen und dem überall sichtbaren Streben nach belebter, pikanter Darstellung ist im voraus anzunehmen, dass auch das Praesens historicum als Darstellungsmittel nicht fehlen werde. Und so findet es sich z. B. V, 1, 8., in Beziehung auf das Tempus des abhängigen Verbums als Haupttempus behandelt, ebenso VI, 20, 4—12., ferner VIII, 20, 3. IX, 13, 8—20. 33, 4—7. an letzterer Stelle in significanter Abwechslung mit dem schildernden Infinitiv. Auch im Panegyricus findet es sich cap. 64 nach *cum* in der Constructio inversa. Von theilweise vergangenen Handlungen, die aber noch in die Gegenwart hereinreichen: *saepe tibi dico inesse vim Regulo* IV, 7, 1. *quem* [metum] *ego pro hoc non semel patior* V, 19, 5. cf. Gossrau § 455 f. und oben das Präsens bei *olim* § 23. nach *postquam* § 34.

§ 41. **Futurum und Futurum exactum.**

Futurum: wo man ein Präsens erwartet: *ingenue fatebor* VII, 33, 1. *verum fatebor* IX, 23, 5. *iterum dicam* „ich wiederhole" 34, 2. Infinitiv Fut. imperativisch: *tuis denuntiavi, si rursus tam multa attulissent, omnia relaturos* werden sie alles wieder mitnehmen müssen VI, 28, 2. Futurum exactum in Beziehung auf ein Präsens im übergeordneten Satze: *si modo adriserit pretium . . . multa sollicitant* das Gütchen hat (und zwar jetzt schon) vieles, was ihn reizen wird, wenn ihm der Preis convenirt I, 24, 3. *exorare me potes . . . si nunc miseris* II, 2, 2. *cupiam necesse est atque etiam, quantum in me fuerit, enitar* III, 3, 1. Die im Präsens ausgedrückten Handlungen erstrecken sich in die Zukunft hinein. (Bei dem futurischen *potes* ist daran zu erinnern, dass es mit *si* verbunden in Beziehung auf einen Imperativ öfters für *si poteris* steht. cf. Schultz § 325. Anm. 1.)

In den Stellen III, 16, 10, wo das Fut. exact. zweimal in Beziehung auf *velle* steht, ferner: *ex duabus sententiis eam, quae superior extiterit, tertia expectat* VIII,

14, 21. *ego, si permiseris, cogito dollpeare.* X, 70, 3. enthält das übergeordnete Verbum als sich schon, seinem Begriff nach, die Beziehung auf die Zukunft.

Futurum exactum. Conjunctivi in einem Folgesatz: *quantis enim virtutibus adsequebatur ut haec non notissima occiderit* dass diese Fannia — deren Tod man erwartet — nicht als die letzte ihres Geschlechts gestorben sein wird VII, 19, 8. nach *dum* bis: *rem distuli, dum tu praeceperis quid velis* X, 72.

§ 42. Perfectum, Imperfectum und Plusquamperfectum.

Perf. Inf. *impetratum cupio* II, 13, 2. ganz ciceronisch.

Impf. Ueber folgendes Imperfectum geben die Grammatiken keinen Aufschluss: an, *ut solebas, crebris excursionibus avocaris?* wie gewöhnlich — I, 3, 2. *solebant testes interrogari* sonst pflegt man — I, 5, 6.

Der Lateiner stellt die sonstige Gewohnheit, die aber auch jetzt noch massgebend ist, dem jetzigen Fall als etwas Vergangenes gegenüber.

Aehnlich: *deinde gravitate, quam noras: necesse est, inquit* mit der Würde, die du an ihm [Nerva] kanntest, als er noch lebte, die dir aber auch jetzt noch bewusst ist IV, 17, 8.

Das Perfectum erwartet man nach sonstigem Sprachgebrauch in der Stelle: *adhuc quamlibet sincera ingenia etsi non detorquebat, hebetabat tamen misera, sed vera reputatio* P. 70, wo ein Zustand geschildert wird, der bis zur Gegenwart gedauert und jetzt aufgehört hat.

Ganz der Regel gemäss ist: *quantum petere voto immodicum erat* für *fuisset* V, 17, 9 u. a. Dagegen ungewöhnlich: *rectius . . . beatius erat* für *esset* in Beziehung auf die Gegenwart VII, 15, 1. Madvig § 348. d. Anm. weist dieses *eram* für *essem* den „Dichtern und einigen späteren Prosaisten" zu. Der Anfang dieses Gebrauchs ist übrigens schon bei Cic. zu finden. Vgl. Zumpt § 518 f. wo namentlich die Stelle Att. 2, 1, 7: *si mihi omnes, ut aequum erat, faverent* — beweisend ist. Hieher gehört auch *cupiebam* VI, 4, 2. *non poteras* 33, 7. Potentialis Impf.: *audires* (wie sonst *videres, cerneres, crederes, putares, diceres*) VI, 20, 14. Aehnlich bei *si: si cogitares* wenn man bedachte P. 64. Conj. Imperf. statt Plusquamperfecti s. § 38.

Plusquamperfectum in Beziehung auf ein Präsens, gewöhnlich zu erklären durch ein zwischen das im Plusq. und das im Präs. ausgedrückte Ereigniss sich einschiebendes, das entweder wirklich angegeben oder hinzuzudenken ist: *librum quem promiseram exhibeo* I, 2, 1. Hier wirkt offenbar der Briefstil mit (s. über diesen Punkt und die ganze Erscheinung Kühnast p. 213 f.). *cum interim ex iis, qui sub illo gesserant consulatum, nemo jam superest* = omnes mortui sunt III, 7, 11. *temere dixi „diligenter": succurrit* [Praes.] *quod praeterieram* III, 9, 28. *colligit quod exhauserat* IV, 30, 9. *jucundum est mihi quod ceperam gaudium scribendo retractare* VII, 24, 8. *novissime consul* [sc. dixit]: *Secunde, sententiae loco dices — „Permiseras" inquam* IX, 13, 9. *die admisso quae formaveram dicto* IX, 36. 2. *non te ad exemplar ejus voco, qui fecerat* P. 58. *modo praetextas exuerant; resumunt: modo lictores*

abire jusserunt; revocent 61. Subintelligire: Sie hatten eben abgelegt; da sagtest
du, sie sollen sie wieder nehmen.

Die bei Liv. und Curt. (s. Kühnast p. 204 ff. Vogel § 31, d.) häufigen
mit Formen von *fui, fueram* u. s. w. zusammengesetzten Perfecta und Plusquam-
perfecta (auch Fut. ex.) finden sich bei Plin. selten (X, 4, 2. 74, 2. zw. P. 23. —
X, 34, 1: *contracti fuerint* Trajan); bei Tac. sollen sie nach S. d. T. § 27. e. ganz
fehlen; doch steht Hist. 1, 16 *ne territus fueris.* —

§ 43. **Tempora des Briefstils.** Da die Briefform bei Plin. oft blosse Einkleid-
ung ist für Abhandlungen, Beschreibungen, ausführliche Erzählungen u. s. w., so tritt
mit dem Charakter des Briefs auch die Anwendung der Tempora des Briefstils verhältnissmässig zurück. Den häufigsten Gebrauch derselben weisen natürlich die den
eigentlich brieflichen Charakter tragenden amtlichen Schreiben an Trajan auf. Der
Regel des Briefstils folgen die Stellen: I, 5, 17. 8, 1. II, 5, 1. 2. III, 13, 1 *(misi).*
20, 10 *(scripsi).* V, 6, 41. VI, 5, 1 *(scripseram).* VII, 19, 11 *(in his eram curis,
cum scriberem ad te).* VIII, 15, 1. 20, 10. 23, 9. X, 17, 4. 56, 5. 58, 4. 59. 63.
65, 3. 67, 2. 68. 70, 3. 74, 3. 79, 5. 83. 92. 114, 3. Freiheit in der Consecutio:
*quod in notitiam tuam perferendum existimavi ob hoc maxime, ut dispiceres, quid
eligere debeam*; wo der letzte Satz aus der Abhängigkeit vom Tempus des Briefstils
heraus tritt X, 75, 2. (Anderer Art ist der Fall: *te omnia alia quam quae velis agere
moleste ferrem* VII, 15, 2. wo *velles* dem ciceronischen Sprachgebrauch gemäss wäre.
cf. Kühner § 140. a. Anm. 10. Zu erklären nach Gossrau § 413.)

§ 44. **Conjugatio periphrastica.** Diese findet bei Plin. eine feine Verwendung.
petiturus sum enim I, 8, 2. Ganz unser: „ich möchte Sie nämlich bitten" in der Con-
versation und im Briefstil. *respondebo, inquam, si de hoc centum viri judicaturi sunt*
I, 5, 5. wenn es einmal an dem ist, dass — *judicabunt* würde die Wirklichkeit des
Richtens in Zukunft annehmen; *judicaturi sunt* deutet an, dass es nicht dazu kommen
wird. cf. Sen. Ep. 45: *multi non vivunt, sed victuri sunt.* Es bleibt nur bei der
Velleität, es kommt nicht zum eigentlichen Leben. Daher auch der Gebrauch des
Part. auf — *urus* in irrealen Bedingungssätzen. Nägelsbach, Stilistik p. 314. *non
sum auditurus* ich möchte nicht die Entschuldigung hören II, 2, 2. *si accepturus et
ab ipsis erit* wenn die Bestimmung bestehen wird, dass der Lehrer einen Theil seiner
Besoldung von den Eltern zu empfangen habe IV, 13, 8. *a simplicitate tua peto, ut
quod de libello meo dicturus es alii mihi dicas* was du entschlossen bist, nicht anstehst,
dich nicht genirst einem andern zu sagen 14, 10. *futurum est, ut* es ist an dem,
ist zu erwarten, dass — VIII, 14, 21.

XI. Modi.

§ 45. **Indicativ.**

a. Ind. in der or. obl. II, 3, 8. 11. 11, 19. 22. 19, 2. III, 9, 16. 35. IV,
11, 15. V, 6, 42. 13, 4. VI, 13, 3. 25, 1. VII, 9, 4. 26, 1. VIII, 14, 5. X,

74, 1. 118, 2. P. 45. 58. 95. cf. Kühnast p. 235. Vogel § 32. c. β) S. d. T.
§ 151.

b. In dem causalen Relativsatz: *o te beatum! cui contigit . . . exemplar*
VIII, 13, 2.

§ 46. Conjunctiv.

a. Conjunctivus hortativus bei einer bestimmten Person: I, 10, 11. 17, 4. VI,
3, 2. P. 61. 78. 85. 88. 91. Noch spärlich in den Briefen Cicero's. Schultz
§ 340. Anm. 1. Spätere wie Liv. haben ihn häufiger. Gossrau § 421. Anm. 2.
Kühnast p. 207. Erste Person des Plur.: *sciamus, quis sit* lass uns den wissen —
IX, 13, 7. *salvi simus qui supersumus* lasse man doch uns Ueberlebende in Ruhe ibid.

b. Conjunctivus concessivus mit Negation: *nihil largiatur princeps, dum nihil
auferat, non* (das Regelmässige wäre *ne*) *alat, dum non occidat* P. 27.

c. Conjunctivus potentialis und iterativus.

Der Potentialis Praesentis und Perfecti findet sich an zahlreichen Stellen.

Sein Gebrauch im Hauptsatz bedarf keines Beleges; nur in Betreff des Potent.
Perf. ist etwa I, 23, 2: *erraverim fortasse* die Beziehung auf die Vergangenheit anzumerken, während er sonst regelmässig präsentisch ist. Ebensowenig der Potentialis in
explicirt-hypothetischen Sätzen, der ja auch bei den Klassikern der goldenen Zeit
häufig genug vorkommt.

In relativen Nebensätzen nimmt der gräcisirende Conjunctivus potentialis und iterativus
seit Liv. mehr und mehr überhand (Kühnast p. 236 f.). Auch hiefür sind Belege über-
flüssig, und es folgen solche nur für den Conj. in verallgemeinernden Relativsätzen,
bei welchen die Klassiker der alten Zeit consequent den Indicativ festgehalten haben. *quicumque* II, 17, 25. VI, 10, 2. (c. Ind. P. 84.) *quotiens* III, 16, 4. P. 42. *prout* VI, 5, 6.
P. 23. (Dagegen c. Ind: IV, 30, 5. V, 9, 7. VI, 16, 6. IX, 33, 2. P. 3. 44.)
ut je nachdem VIII, 8, 4. In Proportionalsätzen: *quo propius accesseris, hoc impa-
tientius careas* VI, 1, 1. *jam navibus cinis incidebat, quo propius accederent, calidior*
VI, 16, 11.

Anzumerken ist noch der Pot. Perf. nach *ut: ut ita dixerim* II, 5, 6. *ut sic
dixerim* P. 42. Vgl. Wölfflin Philol. XXV, 139. und nach *qui* in Beziehung auf
die Vergangenheit: *qui nuper togas sumpserint* II, 14, 6. Beispiele des Pot. Imperf.
s. oben § 42. Mit Plin. stimmt Tac. überein S. d. T. § 28. b. 180.

d. *sive — sive* steht I, 16, 2. II, 17, 27. P. 82 mit dem Conj., während es an
5 andern Stellen den Ind. hat.

§ 47. Imperativ.

Der eine Bedingung involvirende Imp. hat zur Einleitung der sich ergebenden
Folgerung *et* nach sich wie im Deutschen: *tene, Caesar, hunc cursum, et probabitur
experimento* cet. P. 43. *perge modo, Caesar, et obtinebunt* 45. In den von Schultz
§ 378. Anm. 2 angeführten ciceronischen Stellen steht entweder *jam* oder gar
nichts. Analog ist der Conj.: *contra largiatur — ne ille jam brevi tempore offecerit* P. 27.

XII. Infinitiv, Participia und Gerundium.

§ 48. Infinitiv.

a. Der Infinitiv der Schilderung VI, 20, 11 f. 15. IX, 33, 4 f. und sonst cf. § 46.

b. In einer verwundernden Frage steht der Acc. c. Inf. mit ne: *hominemne Romanum tam graece loqui?* IV, 3, 5. wie öfters bei Dichtern und in den ciceronischen Briefen. Gossrau § 429.

c. Der Inf. als Subject. Ganz als Substantiv mit einem attributiven Adjectiv verbunden *quid sit illud iners quidem, jucundum tamen nihil agere, nihil esse* (il dolce far niente) VIII, 9, 1. Ohne ein solches IX, 20, 2. Mit einem Verb. trans. als Prädicat: *quid enim commune habet occidere et relegare?* VII, 14, 13. *delectare persuadere copiam dicendi spatiumque desiderat* I, 20, 18. Der Infinitiv bei *datur* I, 10, 5. III, 1, 1. VIII, 20, 1. P. 29. 50. 51. 79. So auch Tacitus S. d. T. § 145. Sonst Ov. Quint. Lact. Bei *negatur* II, 8, 2. *denegatur* III, 7, 14, *contingit* IV, 1, 17. (ebenso schon Cic. und Hor.) *tutum est* P. 53. *est enim suspensum et anxium de eo . . . nihil scire* VI, 4, 3. Ohne Prädicat steht der Subjectsinfinitiv: *o rem memoriae litterisque mandandam! praefectum praetorio non ex ingerentibus se, sed ex subtrahentibus legere* cet. = *quam est memoratu dignum te — legere* P. 86. In dem umfassenderen Gebrauch des Subjectsinfinitivs ist schon Cicero hauptsächlich in den Briefen vorangegangen. So bei *periculosum, subitum, putidum, acerbum, molestum, grave est* u. dgl. Krause a. a. O. p. 29. Stinner III, p. 7.

d. Inf. als Object von Verbis. Plin. hat folgende schon bei Cic. und Caes. vorkommende Verba mit dem blossen Objectsinfinitiv: *destinare* X, 15. (Caes. auch Liv.) *festinare* X, 1, 1. (auch Sal. Liv. Virg. G. 4, 117.) *laborare* I, 4, 4. 10, 2. II, 5, 9. (Cic. Nep. Hor.) *pergere* III, 16, 10. (auch Liv.) *timere* P. 18. 89. (auch Liv. Hor.) — Bei Liv. vorkommende: *erubescere* IX, 27, 2. (auch Virg. E. 6, 2.) *recusare* P. 5. (auch Virg. A. 2, 126 f. und sonst. Hor. mehrmals.) *temptare* P. 79. (auch Nep. Virg. A. 1, 721 und sonst.) — Ausserdem: *adhortari* P. 66. *magni aestimare* III, 2, 5. 4, 1. IV, 28, 1. *certare* P. 81. (Virg. A. 2, 64. 5, 194.) *dignari* P. 80. 87. 92. (Virg. E. 6, 1. A. 4, 192.) *dissuadere* II, 17, 26, *gaudere* II, 5, 3. P. 12. 82. (Sonst Virg. Hor. Juv. Val. Fl. Quint. Amm.) — Nach *esse documento: quod potest e. d. nihil desperare, nulli rei fidere* IV, 24, 6. — Vgl. Stinner l. l. p. 8—10. Kühnast p. 249—255. Vogel § 34. S. d. T. § 145.

Acc. c. Inf. bei *magni aestimare* VI, 23, 3. *delectari* VII, 32, 1. IX, 11, 2. *gaudere* VIII, 11, 1. P. 18. *epistula continebat, esse tibi redditam orationem* IX, 28, 5. bei *non dubitare* § 33.

e. Inf. nach Adjectivis: *contentus* VI, 31, 5. X, 6, 2. P. 15. 38. 39. *dignus* P. 7. S. d. T. § 152. b.

f. Nom. c. Inf.: *nuntiatus est finisse vitam* III, 7, 1. mit Auslassung von *esse: in regione Transpadana summa abundantia . . . nuntiatur* IV, 6, 1. cf. Kühnast p. 255 f. Anm. 161 extr. Bei Tac. viel ausgedehnter S. d. T. § 152. a.

g. Acc. c. Inf. in relativen Nebensätzen der or. obl. II, 20, 13. IX, 13, 16 zweimal. Nicht über die durch den ciceronischen Gebrauch gesteckte Grenze hinausgehend. Ebenso mit Ergänzung des Verbums bei dem Relativum aus dem übergeordneten Satz P. 64. Madv. § 402 a. b.

§ 49. Participia.

a. Participia Perfecti ohne den Begriff der Vorzeitigkeit. Es genüge neben *ausus* und *confisus* die Deponentia einfach aufzuführen: *admiratus aemulatus arbitratus complexus minatus moratus* (non, noc m.) *precatus usus veritus. operatus?* P. 80. Passiva; *inlanguescit, nullis blandimentis capta . . . excitata* II, 19, 4. *rediit reus, accusatus . . .* IV, 9, 2. *nunc maxime mihi desideratus* 13, 1. [viaticum] *quod impendi cursore dimisso* VII, 12, 6. *stipatus circumfusus* P. 23. *intermissus* II, 17, 27 ist schon bei Caes. und Liv. ganz zum Adj. geworden wie umgekehrt z. B. *antecedens* = qui antecessit P. 63. Suet. Tib. 5. *insequens* Domit. 23. cf. S. d. T. § 209. (Gelegentlich sei hier als ungew. Part. abs. erwähnt: *inconsulto te* X, 120, 2: was Nachahmung des Liv. ist.)

b. Participium einen Subjectssatz vertretend, im Deutschen oft durch ein Subst. verb. wiederzugeben: *probabatur damnatus in metallum* X, 58, 3. Ferner P. 6. 10. 53. 81. 83. Mit Ergänzung des Part. vom Verb. subst.: *illum imitationis ardor semperque melior aliquis accenderet* = et id quod semper m. a. esset P. 13. So auch P. 38. cf. Tac. Germ. 25.

c. Einen Objectssatz vertretend: *fidem peractae mortis implevit* machte glauben, dass er wirklich gestorben sei III, 14, 2. *adferebas excusationem adoptati* könntest als Grund der Entschuldigung für dich geltend machen, dass du adoptirt worden seiest P. 44. cf. ad b. und c. S. d. T. § 210.

d. Participium Futuri Act.

α) mit *ut: nec ut periculum capitis adituri tarditate, sed securi et hilares, cum commodum est, convenimus* ὡς περὶ τοῦ βίου κινδυνεύσοντες (Kr. gr. Spr. § 56, 12, 2.) P. 48. vgl. Kühnast p. 270.

β) final: *quod acceperat scribae daturus* = ut s. daret IV, 12, 2. *haec non scripturus leges* = non ut scribas VI, 20, 20.

γ) conditional: III, 13, 1. 21, 6. V, 21, 4. VI, 32, 2. VII, 27, 14. VIII, 6, 12. P. 2. 4.

Ueber das einen Nebensatz vertretende Part. Fut. Act. vgl. Kühnast p. 267. Vogel § 36. b. S. d. T. § 195. 208.

§ 50. Gerundium und Gerundivum.

a. Genitivus gerundii namentlich als Gen. definitivus in einigen selteneren Verbindungen: *dulcedo quaedam tecum loquendi* II, 5, 12. *pulchritudo jungendi* III, 19, 2. *tacendi modestia — sedendi dignitas* 20, 3. *constantia pronuntiandi* V, 1, 4. *lassitudo sedendi* VI, 17, 2. *diversitate censendi* durch einen ganz verschiedenen Antrag 27, 3. *carendi dolor* VIII, 5, 2. *dolendi voluptas* 16, 5. *scribendi fiducia* IX, 1, 3. *pudor audiendi* — *faciendi* 27, 2. *timendi* 33, 6. *non tam praestandi animo quam negandi* in der Absicht zu — P. 39. *tarditas solvendi* 40. ·*capiendi quaerendique sudor* 81.

b. *habere* mit Gerundium und Gerundivum: I, 7, 6.·8, 12. VIII, 13, 2, 14, 4. X, 78, 1. (Traj.) 94, 2. P. 15. So auch Plin. N. H. praef. Tac. Ann. 14, 44. Dial. 19. 31. 37. cf. Gossrau § 440. Anm. 8.

XIII. Genera und Personen.

§ 51. **Activum und Passivum reflexiv, Deponens passiv. Impersonale.**

a. Activum reflexiv oder intransitiv: *deflexit* VII, 31, 3. *ad littus* IX, 33, 4. *tangunt etiam pertrectantque praebentem* = attrectari *se patientem* ibid. § 6. *flumina deferentia* = quae deferuntur P. 82. (cf. Liv. *res moventes*.)

b. Passivum reflexiv: *remitti* sich *erholen* I, 16, 7. VII, 9, 9. IX, 3, 2. *tunicas quas erat induta* II, 20, 11. *nunc lectulo continetur* hält sich im Bette III, 1, 4. *movetur pila* macht sich Bewegung mit dem Ballspiel ibid. 8. *defendi* V, 13, 3. *teri* sich umtreiben II, 3, 5. *terere in hac turba* lass dich in diesem Getümmel umherstossen VII, 3, 3. *debet orator erigi attolli efferri* IX, 26, 2. *extrahi revolvi* sich herausziehen, zurückwälzen lassen 33, 8. *in reverentiam componebatur* gab sich den Anschein — P. 76.

c. Part. Perf. Deponentis passiv: *meditata* I, 16, 2. *meditatum* carmen P. 3.

d. Seltenes Impersonale: *non tam sinistre constitutum est* P. 45. Nach Analogie des bei Cic. Liv. Sen. und unserem Autor vorkommenden *ita* (mit und ohne *natura*) *comparatum est* II, 19, 5. III, 4, 6. V, 19, 5. P. 46.

XIV. Einzelnes über Satzbau und Stil.

§ 52. **Syllepsis.** Am häufigsten ist die verbale Syllepsis, wenn ein und dasselbe Verbum in verschiedenen Beziehungen zu denken und daher in einem andern (sei es coordinirten oder subordinirten) Satztheil in derselben oder in einer anderen Form zu ergänzen ist. Die Ergänzung kann aus einem vorhergehenden oder aus einem folgenden Satztheil stattfinden. Plinius liebt solche Syllepsen und verbindet sie manchmal noch mit einer Verschränkung der Satzglieder. Wir berücksichtigen vornämlich die schwierigeren Arten d. h. diejenigen, bei welchen die Ergänzung aus einem nachfolgenden Satztheil und in einer anderen Form zu geschehen hat, ohne die leichteren, sofern sie etwas Eigentümliches haben, auszuschliessen. (Dräger hat diese Erscheinung H. S. § 119. auf Grund der Arbeit von Wichert: Ueber die Ergänzung elliptischer Satztheile aus correspondirenden. Progr. Guben 1861. behandelt.)

a. Ergänzung aus dem Vorhergehenden

α) in gleicher Form: *legetur semper, tanto magis, quia non statim* IX, 27, 2.

β) in verschiedener Form: *aedifico* — *nam hoc quoque non dissimile quod ad mare tu* sc. *aedificas* IX, 7, 1. *respondit* — *ut dubitem confidenter an constanter* sc. responderit III, 9, 32. cf. V, 20, 3. 8. VI, 23, 1. *bene fecit Regulus, quod est mortuus; melius* sc. fecisset, si ante sc. m. esset VI, 2, 4. *non sum auditurus*: non eram Romae. illud enim nec di sinant, ut infirmior = ut audiam: eram iufirmior II, 2, 3. haesitanti mihi omnia exhiberem visum est omnia sc. exhibere III, 10, 4. cf. VIII, 8, 1.

Ergänzung aus dem Folgenden

α) in gleicher Form: *postquam a te recessi, non minus tecum quam cum apud te fui* IX, 31, 1. *unum ille se ex nobis — et hoc magis excellit atque eminet — quod unus ex nobis putat* P. 2. cf. III, 6, 7. VI, 34, 1. VII, 17, 8. P. 46. 84. 85. *neque est iere, quisquam qui studia, ut non simul et nos amet* I, 13, 5. cf. P. 41. *ut, qui malum principem possumus, bonum non possimus imitari* P. 45. cf. VII, 15, 2. Mit Verschränkung: *nec magis sine te nos esse felices quam tu sine nobis potes* P. 72.

β) in verschiedener Form: *quod M. Cicero de stilo ego de metu sentio* VII, 17, 13. cf. VII, 16, 5. VIII, 10, 3. P. 60. *ipse et natus ibi et quaestor in ea fui* VII, 33, 5. *an idem nunc mihi quod tunc tibi (sc. magis) suadeam* VI, 27, 5. cf. P. 2. 35. 46. 61. 89. *tu ergo ut soles omnia ... suscipe* III, 6, 5. cf. III, 7, 14. IV, 9, 9. Besonders liebt Plin. Gegensätze, bei welchen das erste Glied mit oder ohne *quidem* eine nähere Bestimmung zum Verbum ohne Verbum, das zweite mit *sed tamen* oder *sed* das Verbum ohne nähere Bestimmung enthält: *judicium centumvirale differri nullo modo, istud aegre quidem, sed tamen potest* I, 18, 6. So I, 20, 25. II, 11, 23. *illud me non ut ambitiosum, sed tamen juvat* VII, 32, 2. cf. IX, 25, 3. *lectionibus difficulter, sed abstineo* VII, 21, 1. (Aehnlich mit Adjectivum auf der einen und Substantivum auf der andern Seite des Gegensatzes: *minores, sed tamen numeri* III, 4, 5. cf. III, 11, 9. IV, 17, 2.)

Lediglich in der Verschränkung liegt das Ungewöhnliche der verbalen Syllepsis an folgenden Stellen: *ut de pictore nisi artifex judicare, ita nisi sapiens non potest perspicere sapientem* I, 10, 4. ferner I, 1, 2. 20, 21. V, 3, 4. VI, 21, 5. IX, 7, 3. P. 22. 24. 75. 83. 87.

(Eine nominale Syllepsis liegt vor an folgenden Stellen: *ut qui nesciunt talia doctissimos homines scriptitasse me scribere mirentur* V, 3, 3. *non quisquam ex servis ejus apparuit, ut ne Robusti quidem* sc. servi — zugleich verbale Syll. — VI, 25, 4. ferner VII, 26, 2. wo *attendit* und *alitur* verschiedene Casus verlangen. P. 71 bis.)

§ 53. Beiordnung statt der Unterordnung. Parenthese.

a. Beiordnung statt der Unterordnung. Hieher sind einige wenige Fälle zu rechnen. Zunächst die Stellen, wo das den Eintritt eines Ereignisses markirende cum fehlt § 34. Ferner *ex his apparet illum permulta dixisse, cum ederet omisisse* = quae c. e. omisit I, 20, 7. *illud etiam notabile ... obiit* = quod ob., wo man übrigens auch ein Asyndeton explicativum annehmen kann III, 7, 10. Der einen Relativsatz fortsetzende Satz tritt aus der Abhängigkeit von jenem heraus (Gräcismus): *cujus merito inimicissimus, ipsi invisissimus fuerat* II, 20, 2. *sunt multi quibus notus* (es ist von einem Verstorbenen die Rede), *sed non nisi viventes reverentur* statt sed qui — VI, 6, 4. Kühnast p. 58 f. S. d. T. § 163.

b. Parenthese. Von dieser bietet, um von den übrigen Büchern abzusehen, Ep.

I—IV 41 Fälle. I, 12, 6 ist eine früher angenommene Parenthese von Keil getilgt. Auch im Pan. fehlt sie nicht ganz, z. B. 8. 13. 14 u. s. w.

§ 54. Wortstellung und Concinnität.

Der Amtstitel steht vor dem Namen: *a consule Cornelio Tacito* II, 1, 6. cf. S. d. T. § 222.

Sonst ist es fast einzig die oben schon berührte Verschränkung correspondirender Satztheile, welche hier anzumerken ist, und zwar hauptsächlich in dem auch sonst manierirten Panegyrikus, z. B. *ut ante castris ita postea pacem foro reddidisti* P. 94. cf. *seu — venissent* 37. *quod ex matris ad liberos, ex liberorum bonis p...... ad matrem* ibid. *ut quem ad modum in patris filius, sic in hereditate ... pater esset immunis* 38. An den beiden letzteren Stellen ist die Wortstellung poetisch cf. Madvig §. 474. g. Besonders gern stellt Plin. das zwei Satztheilen gemeinsame Wort statt ganz voran oder ganz an den Schluss (Madv. § 472. a.) vor den Schluss des zweiten Theils: *nemo est tam tui, tam ignarus sui* P. 44. cf. 47. 54. 70. Gesucht ist die Trennung des Substantivs von seinem Verbum: *magnificum est civibus jura, quid hostibus reddere* 56. — Abweichend von der Regel ist folgende Einschaltung eines Nebensatzes: *quem tibi, ut primum publicaverit, exhibebo* statt *quem ut primum publ. tibi exh.* IV, 27, 5.

Während Tacitus der varietas sermonis zu liebe die Concinnität mit absichtlicher Consequenz verletzt, ist die Inconcinnität an folgender Stelle des Plin. eine vereinzelte Erscheinung: *recusare omnes ambitionis, moderatio est eligere paucissimos* P. 55.

§ 55. Asyndeton und Polysyndeton.

Das Asyndeton kann sowohl bei der Zusammenstellung ganzer Sätze (Satzasyndeton) als auch bei der der einzelnen Satzglieder (Wortasyndeton) stattfinden. Das letztere ist von Nägelsbach in seiner Stilistik unter der „Gruppirung der Periodentheile" § 172—181, das erstere § 198—202 behandelt. Beide Arten sind bei Plin. häufig.

a. Das Satzasyndeton, dessen Formen übrigens mit den von Nägelsbach aufgestellten Kategorien nicht erschöpft sind, findet oft eine wirksame Verwendung. So I, 5 in einer Erzählung mit vielem Detail, das aber in raschem Flug und knapper Form gegeben ist. II, 3, 1—3, wo mit grossem Empressement die Vorzüge des Rhetors Isäus geschildert werden. II, 10: in einer freundschaftlich scherzenden expostulatio stehen hier 7 Sätze nach einander ohne Verbindung durch Conjunctionen; erst der letzte enthält ein nam; aber der folgende, eine occupatio enthaltend, wird gleich wieder asyndetisch hingestellt. *intravi, conticuerunt* II, 18, 2. u. a. Davon unterscheiden sich z. B. sehr I, 8. II, 4 und 5: Briefe, die dem genus deliberativum angehören. Hier haben nun dem ruhigen Gang der Entwicklung gemäss die begründenden, folgernden, beschränkenden u. a. Conjunctionen ihre Stelle gefunden, doch so, dass immer noch da und dort ein autem, enim, igitur, ergo fehlt, wo Cicero in seinem Briefstil ein solches gesetzt hätte.

b. Das Wortasyndeton. Hier ist das dreigliedrige Asyndeton geradezu Manier geworden. Es kommt in den Briefen etwa 100, im Pan. etwa 30mal vor und hat in der That an einigen Stellen zu nichtssagenden Wortanhäufungen Veranlassung gegeben.

So VII, 66, 10: *notiora clariora majora* (wo *clariora* genügte). VIII, 14, 9: *hebetata fracta contusa*. 24, 4: *durum ferum barbarum*. IX, 5, 3: *confusa perturbata permixta*. Das zweigliedrige Asyndeton findet sich etwa 40, das mehrgliedrige, theilweise aus den beiden ersteren Formen combinirt etwa 20mal.

c. Polysyndeton. Dieses tritt verhältnissmässig zurück. Im Pan. z. B. findet es sich (das correspondirende *et* eingerechnet) etwa 30mal.

d. Gemischte Form. Wenn schon Livius in der Anfügung des letzten Glieds einer Reihe mit *que*, *et* und *atque* sich grössere Freiheit erlaubt hat (Kühnast p. 286 f.), so ist dies bei Plin. wohl noch in weiterem Umfang der Fall. I, 20, 16: *hordeum fabam ceteraque lumina*. 24, 4: 3 Glieder asynd., 2 *que* und 1 *et*. II, 9, 4: *atque* beim vierten Glied. 19, 2: Wechsel von Asynd. und Conjunct. IV, 14, 3: 3 Paare von Verben, 1 einzeln stehendes, ein abschliessendes *atque* beim letzten. 13, 9. 23, 2: *que* beim dritten Glied, an der zweiten Stelle = und überhaupt. V, 3, 5: 16 Namen asynd., der 17. mit *et proxime*. 6, 45: *que* beim dritten Gliede. (Ebenso IX, 13, 21.) P. 80: *et* an dritter, 81: an vierter Stelle. Auch die Anreihung mit *etiam* und *denique* ist zu beachten. II, 9, 3: *denique* beim vierten, die vorhergehenden Glieder mit befassenden Glied. (Ebenso P. 67.) IV, 15, 7: 3 Begriffspaare, das zweite Glied des letzten mit *denique* angereiht. VI, 23, 5: *materia, occasio, fautor etiam commendatorque*. 26, 1: 3 dreigliedrige Asyndeta, bei dem letzten Glied des mittleren *etiam*. VII, 9, 13: 2 Paare von Substantiven asynd., dann eines für sich, zum Schluss *omnia denique*. 20, 7: *denique* an vierter Stelle. VIII, 24, 2: *virtute, meritis, amicitia, foedere denique et religione*.

§ 56. Einzelne Redefiguren.

a. Anaphora. Noch mehr als durch das Asyndeton kommt durch die Anaphora in die plinianischen Briefe ein bewegtes, pathetisches Element, das eigentlich der rednerischen Darstellung zukommt und uns in den ciceronischen Briefen selten begegnet. (Anaphorische Stellen vereinzelt z. B. Fam. 5, 12, 8. 9, 14, 3. 4. 6., wo beidemal diese rhetorischen Anläufe mit dem forcirten, geschraubten Wesen des ganzen Briefes zusammenhängen dürften.) Es gehört dies wieder zur Manier des Plinius, die aber nicht etwas rein Individuelles, sondern im Zusammenhang mit der gesammten gegen früher wesentlich veränderten Diction des silbernen Zeitalters aufzufassen und zu beurtheilen ist. Vgl. S. d. T. § 240 über die wohl auch bei Tac. häufiger als bei den früheren Historikern vorkommende Anaphora. Diese Figur findet sich nun aber nicht bloss z. B. an den zahlreichen lobenden Stellen der Briefe, wo unser Autor sich gern von seiner Wärme fortreissen lässt: *mira in sermone, mira etiam in ore* ... *suavitas* II, 13, 6. *mira illis dulcedo, m. suavitas, m. hilaritas* III, 1, 7. *dignum templo; d. deo donum* 6, 5. *vix unum aut alterum invenires tanta sinceritate, t. veritate* 11, 6. Vgl. die enthusiastische Stelle über seine ländliche Musse auf dem Laurentinum I, 9, 5 f. den gehobenen Ton, in dem er von dem Leichenbegängniss des Verginius spricht II, 1, 6. 7. 12. u. v. a. Nein, auch in ganz einfachen Beschreibungen wird er pathetisch: *multi greges ovium, multa ibi equorum boum armenta* —

modica cenatio, quae plurimo sole, plurimo mari lucet — haec utilitas, haec exoptitas deficitur aqua salienti II, 17, 3. 10. 25. Es kann daher nicht wundernehmen, wenn die Anaphora allerdings vorherrschend bei sog. Formwörtern aber doch nicht zum Vortheil des Totaleindruckes im Panegyrikus aufs reichlichste (in den ersten 15 Kapp. 36, Kap. 34 allein 7mal) zur Anwendung kommt.

b. Hendiadys. Diese bei Tac. z. B. ziemlich häufige Figur kommt bei Plin. vielleicht nur an einer Stelle vor: *novitatem odoremque* IX, 33, 9.

c. Wortspiel: *breve tempus, quo libet scire quid simus, libet exercere quod scimus* VIII, 14, 10.

d. Aposiopesis: III, 9, 11. IV, 15, 9. VI, 16, 21.

§ 57. Kürze des Ausdrucks.

a. Zeugma: *cujus* [libertatis] *dulcedine cogimur etiam facere ante quam nosse* = ante quam potuimus nosse VIII, 14, 3, (cf. Sall. Iug. 14, 4: *vobis cogor prius oneri quam usui esse.*) *ut ex studiis gaudium sic studia hilaritate proveniunt,* wo *provenire* das erstemal = nasci, das zweitemal = succedere ist 19, 2.

b. Brachylogie. Eine offenbar gräcisirende Brachylogie entsteht, wenn ein und das andere mal nominale Ausdrücke so gebraucht werden, als ob der Artikel und ein Particip der Gegenwart oder Vergangenheit von dem Verbum substantivum dabei stünde: *stabat* (ὁ) *modo consularis, modo septemvir epulonum* (γενόμενος), *jam neutrum* (ὤν). II, 11, 12. Vgl. Näg. Stil. § 96. und das. Quint. 4, 1, 22: *nam et minari et deferre etiam non orator* (καὶ ὁ μὴ ῥήτωρ ὤν) *potest.* Etwas verschieden und weniger kühn ist das ebendas. aus Plin. citirte: *quos et tamquam singulos et tamquam non singulos observem* VII, 17, 12. Analog der ersten Stelle ist: *ipsos illos magni aliquando imperatoris hortos, illud numquam nisi Caesaris suburbanum licemur* P. 50. Ein Adjectiv mit Supplirung von τίς: *raro incidit* (τίς sc. *causa*) *vel personarum claritate vel negotii magnitudine insignis* (οὖσα) II, 14, 1.

Aus einem negativen ist der entsprechende positive Ausdruck zu entnehmen: *provisum, ne quis aeger fuisset, veniret quisque cum vellet* cet., wo aus *ne* vor *veniret* ein *ut* zu denken. P. 25. vgl. Cic. Phil. 12, 5, 11: *denuntiatum est* [Antonio] *ne Brutum obsideret,* (*ut*) *a Mutina discederet.*

c. Ellipse. Schon in den ciceronischen Briefen findet sich eine Menge der kühnsten Ellipsen (S. d. T. § 238. Vgl. auch Stinner III, 19 f.), und Plin. dürfte über das Mass der dort genommenen Freiheit kaum hinaus gegangen sein. Indessen mögen einige nähere Angaben über die verbalen Ellipsen (die andern sind unter den betr. Wortklassen besprochen) hier stehen.

α) Ellipse von *esse*. Ausser *est, sunt* (auch wo es nicht blosse Copula ist z. B. *jam vero liberi tres* sc. *ei sunt* I, 10, 8) und *esse* fehlen: *sum, es, sumus, sit, simus, sint, eram, erat* (etwa 25mal), *erant, esset, essent, erit, erunt, fuit* (etwa 30mal), *fuerunt, fueris, fuerit, fuerint, fuerant, fuisset, fore, fuisse, futurum: hominem jam praefectum aerarii et brevi consulem* sc. *fut.* IX, 13, 11.

β) Ellipse der Verba dicendi, movendi und agendi. Hier bietet Plin. nichts Ungewöhnliches. An einzelnen Stellen, wo man sich versucht fühlen könnte ein Verbum zu suppliren, schreitet wie so oft (cf. Gossrau § 498. 2.) die Schilderung substantivisch fort, z. B. in der Beschreibung von Spurinna's Tagesordnung: *et liber rursus aut sermo libro potior* III, 1, 5; wo es peinlich wäre ein *sumitur* — *habetur* zu suppliren. So VI, 16, 2. 13; 16, VII, 33, 8. IX, 36, 4. Bei zwei elliptischen Wendungen schweben dem Plin. Dichterstellen vor: bei V, 6, 44: *ut parva magnis* Virg. G. 4, 176; bei V, 20, 1: *Iterum Bithyni* Iuv. 4, 1.